Cláudia Maria Ceneviva Nigro
Clarice Maria Ceneviva

XERETANDO A LINGUAGEM EM INGLÊS

Projeto e Coordenação Editorial
Claudia Zavaglia

1ª reimpressão

© 2010 Clarice Maria Ceneviva, Cláudia Maria Ceneviva Nigro

Projeto e Coordenação Editorial: Claudia Zavaglia

Preparação de texto: Adriana Moretto / Verba Editorial

Capa, Projeto gráfico e Diagramação: Patricia Tagnin / Milxtor Design Editorial

Assistente de Produção: Noelza Patricia Martins

Dados Internacionais de Catalogação na Publicação (CIP)
(Câmara Brasileira do Livro, SP, Brasil)

Nigro, Cláudia Maria Ceneviva
   Xeretando a linguagem em inglês / Cláudia Maria Ceneviva Nigro, Clarice Maria Ceneviva ; projeto e coordenação editorial Claudia Zavaglia. -- Barueri, SP : DISAL, 2010. -- (Xeretando a linguagem)

   Bibliografia
   ISBN 978-85-7844-054-1

   1. Inglês - Estudo e ensino 2. Inglês - Termos e frases
I. Ceneviva, Clarice Maria. II. Zavaglia, Claudia. III. Título. IV. Série.

10-05758   CDD-428

Índices para catálogo sistemático:
   1. Curiosidades : Língua inglesa : Linguística   428
   2. Língua inglesa : Curiosidades : Línguísticas   428

Todos os direitos reservados em nome de:
Bantim, Canato e Guazzelli Editora Ltda.
Alameda Mamoré 911 – cj. 107
Alphaville – BARUERI – SP
CEP: 06454-040
Tel. / Fax: (11) 4195-2811

Visite nosso site: www.disaleditora.com.br

Televendas: (11) 3226-3111
Fax gratuito: 0800 7707 105/106
E-mail para pedidos: comercialdisal@disal.com.br

Nenhuma parte desta publicação pode ser reproduzida, arquivada ou transmitida de nenhuma forma ou meio sem permissão expressa e por escrito da Editora.

Sumário

Introdução — 5

Capítulo 1
VOCÊ ESTÁ FALANDO GREGO? — 11
Expressões Idiomáticas

Capítulo 2
QUEM TEM BOCA VAI A ROMA — 25
Provérbios

Capítulo 3
AMIGO DA ONÇA — 43
Os falsos cognatos

Capítulo 4
ESTÁ TUDO AZUL — 59
O colorido da linguagem

Capítulo 5
TÁ LIGADO? — 81
A gíria dos jovens

Capítulo 6
DANOU-SE! — 93
Palavrinhas ou palavrões?

Bibliografia — 127

Introdução

A coleção *Xeretando a linguagem em italiano, inglês, francês, espanhol e latim* é dirigida para aqueles que gostam de ler argumentos importantes e interessantes com leveza, sutileza e sem compromisso; que não se intimidam em confessar que gostam de "xeretar" e se divertir, até mesmo com palavras, e consequentemente, com línguas.

Quem não tem curiosidade em saber como se diz "isso ou aquilo" em uma língua estrangeira? E ainda: quem não gostaria de saber como são usadas e o que significam certas palavras ou certas expressões estrangeiras que raramente são encontradas em dicionários de língua, bilíngues ou monolíngues?

Foi pensando nessas pessoas que veio à tona a ideia desta coleção, que procurou tratar de temas atraentes e convidativos para chamar a atenção do leitor para certas peculiaridades dessas línguas estrangeiras e do português do Brasil. Desse modo, os livros estão divididos em 06 capítulos que correspondem cada um deles a um fenômeno linguístico trabalhado, com cerca de 50 a 80 entradas, além de uma breve introdução concernente ao assunto tratado, ao início de cada um deles.

No primeiro Capítulo, você irá se deparar com várias expressões idiomáticas frequentemente utilizadas no português e nas outras línguas, com explicações sobre o seu significado e o seu uso. Ouvimos e nos utilizamos tanto dessas expressões que muitas vezes não nos damos conta da sua importância nas línguas estrangeiras (e às vezes nem as entendemos em português!). De fato, pode ser bastante complicado estar na França e achar que **Aboyer à la lune** é quando os cães

5

"uivam para a lua" ou então que **Avaler sa fourchette** significa "engolir seu garfo". Do mesmo modo poderá ocorrer na Itália, quando você convidar seu **amico** para ir pra balada e ele lhe disser **Sono alla frutta** e você entender que ele "está na fruta" ou coisa parecida! Será uma super mancada! Imagine então se ele disser **Gatta ci cova** no meio de uma narração misteriosa e você achar que ele quis dizer que a "gata está na cova". Vai ser engraçado o desfecho! Com as outras línguas envolvidas na coleção ocorre a mesma coisa!

O segundo Capítulo traz vários provérbios ou ditos populares ou sentenças, como são chamados, empregados no nosso dia a dia e também nas línguas estrangeiras. Saber entender (e reconhecer!) uma expressão proverbial em um idioma estrangeiro pode ajudá-lo a se relacionar com os estrangeiros, a interagir com os costumes daquele país e conhecer um pouquinho dessa cultura milenar. Assim, entender que **L'air ne fait pas la chanson** significa *O hábito não faz o monge* pode ser crucial em uma conversa sobre aparências, bem como compreender o significado de **Chi non risica, non rosica** ou de **Donde hay capitán no manda marinero** e de **Do as I say, not as I do** se você estiver pensando em se aventurar pelo mundo em busca de seus desejos!

Já no terceiro Capítulo, você vai encontrar dicas de como "não confundir alhos com bugalhos", porém, no que diz respeito às palavras! São os famosos falsos cognatos ou falsos amigos, ou seja, aquelas palavrinhas que se parecem com outras, mas que na verdade não têm nada em comum umas com as outras. E fazem muitas pessoas caírem em verdadeiras armadilhas devido à confusão que causam. É o caso de **Actually** e **Costume**, em inglês; de **Burro** e **Furare**, em italiano; de **Bâton** e **Bobonne**, em francês, por exemplo.

No quarto Capítulo você vai colorir sua linguagem ainda mais e tomar conhecimento de como o português e as outras línguas estrangeiras se utilizam de nomes de cores, tais como *preto*, *branco*, *vermelho*, *verde*, *amarelo*, *azul*, *marrom*, *rosa*, *cinza*, entre outros, em suas expressões linguísticas. Além disso, para cada uma dessa cores, são fornecidos significados e seus empregos mais frequentes para cada par de língua da coleção. Muitas das expressões são bem comuns em português e a intenção foi demonstrar que elas podem ser igualmente utilizadas em cada uma das línguas estrangeiras tratadas. Outras, ao contrário, demonstram que cada língua pode "colorir" as suas expressões usando nomes de cores diferentes, demonstrando que cada país pode "enxergar" de maneira diferente determinado acontecimento histórico, social ou cultural.

Com o quinto Capítulo, você vai poder "mergulhar" em "tribos" diferentes e conhecer uma linguagem peculiar que pertence às pessoas mais jovens, que possuem seus grupos de amigos e histórias em comum, e, por isso mesmo, "criam" meios de se entenderem e compreenderem entre si. Assim, produzem um tipo de linguagem riquíssimo no quesito criatividade e obscurantismo, a partir do momento que certas palavras podem ser indecifráveis e jocosas para pessoas que não fazem parte daquele grupo que as emprega. Além disso, você vai saber como se diz "jeans", "eletricista", "pizza", "pipoca" e muito mais em... latim! É isso mesmo! O latim ainda é uma língua falada!

Por outro lado, ao ler o Capítulo 6, quando algum nativo quiser fazer "piadinhas" com você, ensinando-lhe palavrinhas que na verdade são palavrões na língua estrangeira, só para que ele "tire uma da sua cara", tenha a certeza que você não cairá nesse "trote" ou brincadeira! É isso mesmo. Ali você encontrará muitas das expressões empregadas pelos nativos que inexistem nos livros em que se estudam línguas estrangeiras; logo, não temos como aprendê-las em nossas aulas. Se o seu professor não for um cara "descolado" e sem papas na língua, você vai demorar para aprender o que significa **Minchia** em italiano, **To bang** em inglês, **Suceur de quenelle** em francês, **Las domingas** em espanhol, **Sopio**, em latim. Sem pudores, esse capítulo traz um elenco de palavras empregadas para se referirem às nádegas, à vagina, ao pênis, aos testículos, ao ânus entre outros.

Além disso, procura tratar certas expressões obscenas que são bastante empregadas na linguagem comum daquele país em questão, nos mais variados contextos.

Então, mãos à obra! Vá xeretar as páginas deste livro e aprenda se divertindo!

Claudia Zavaglia
Coordenadora editorial

Claudia Zavaglia é Livre-Docente em Lexicografia e Lexicologia e doutora em Linguística e Língua Portuguesa pela Universidade Estadual Paulista Júlio de Mesquita Filho – UNESP. Atualmente é professor adjunto da Universidade Estadual Paulista Júlio de Mesquita Filho - UNESP - Campus de São José do Rio Preto - SP - IBILCE. É autora dos livros *Canzoni Italiane degli anni '90* (2001); *Parece mas não é: as armadilhas da tradução do italiano para o português* (2008); *Dicionário Temático Ilustrado Português – Italiano (Nível Avançado)* (2008); *Passarinho, Passarinha, Passarão: dicionário de eufemismos das zonas erógenas* – português-italiano (2009) e *Um significado só é pouco: dicionário de formas homônimas do português contemporâneo do Brasil* (2010).

A Profa. **Clarice Maria Ceneviva Nigro** é especialista em Língua Inglesa Estudos Avançados da Língua Inglesa) pela Universidade Estadual Paulista Júlio de Mesquita Filho – UNESP/IBILCE. Atualmente, é professora na FACERES (SJRP), tendo sob sua responsabilidade as disciplinas de língua inglesa no curso de Licenciatura em Letras. Atua, também como professora no curso de Inglês Instrumental, no IBILCE. É CELTA Teacher (Diploma da Universidade de Cambridge).

A Profa. **Cláudia Maria Ceneviva Nigro** é Livre-Docente em Crítica Literária e Doutora em Letras pela Universidade Estadual Paulista Júlio de Mesquita Filho – UNESP / IBILCE. Atualmente, é professor adjunto (em RDIDP), alocada no Departamento de Letras Modernas, tendo sob sua responsabilidade as disciplinas de literatura norte-americana e língua inglesa nos cursos de Licenciatura em Letras e Bacharelado em Letras com Habilitação de Tradutor. Atua, em nível de pós--graduação, na linha de pesquisa "Poéticas da Identidade", no Programa de Pós-Graduação em Letras do IBILCE / UNESP e ministra a disciplina "Crítica Literária". Por força da prática docente, tem publicado trabalhos em áreas afins como teoria da literatura, educação e linguística aplicada. É CELTA Teacher (Diploma da Universidade de Cambridge).

CAPÍTULO 1

VOCÊ ESTÁ FALANDO GREGO?

Expressões Idiomáticas

As expressões idiomáticas estão tão presentes na língua, que uma pessoa, quando as emprega, não se dá conta de que acabou de usá-las em sua fala. De fato, elas são utilizadas a todo instante: no linguajar diário, no noticiário da televisão, em anúncios e propagandas jornalísticas, como também no rádio e na TV, na literatura, em letras de música, em filmes, em discursos políticos, em campanhas eleitorais. Geralmente os falantes usam as expressões idiomáticas para darem um sabor a mais ou especial àquilo que desejam expressar, tais como: sutilezas, ênfases, intensidades, humor e ironia, que a linguagem convencional não é capaz de suprir. Dessa maneira, elas enriquecem uma frase por serem capazes de carregar os sentimentos que o falante quer denotar, não se restringindo a uma determinada camada social, tampouco a um aspecto específico de nossas vidas. Estão presentes tanto na comunicação informal, seja ela falada ou escrita, como também em discursos formais. O emprego correto ou incorreto de uma expressão idiomática pode indicar o grau de domínio da língua que o falante possui.

Em se tratando de línguas estrangeiras, é muito importante a compreensão da expressão idiomática, para que ela seja empregada de forma adequada, ou seja, um aprendiz ou "curioso" em línguas estrangeiras deve se preocupar com o significado conotativo da expressão e não com o seu sentido literal, ou seja, palavra por palavra.

Vejamos, a seguir, alguns exemplos de expressões idiomáticas em inglês, curiosas do ponto de vista cultural e/ou outros parâmetros, com a sua correspondente em português, ora coincidente, ora apresentando outro recorte linguístico para expressar determinada visão de mundo.

Expressões com nomes de alimento

A couch potato
Ser sedentário
>Esta expressão é usada para se referir a alguém que não gosta de se exercitar, preferindo ficar sempre confortavelmente instalado no sofá, assistindo TV e comendo. Descreve comumente uma pessoa sedentária e não uma "batata de sofá".

As cool as a cucumber
Ter nervos de aço
>Se uma pessoa *tem nervos de aço*, ela é calma e segura, sempre controlando suas emoções. É curioso notar que a expressão é positiva em inglês: "tranquilo como um pepino"; ao contrário de expressões em português que usam o mesmo vegetal, *pepino*, e são negativas, tais como *descascar o pepino, ter um pepino para resolver*.

cheese que não são negativas, como **stiff cheese!** (*queijo duro*), que corresponde ao nosso **grande coisa**!

Cheesed off
Estar, ficar ou deixar alguém uma fera!

Expressão utilizada quando você fica uma fera com alguém, por exemplo em: *O garçom ficou uma fera com o cozinheiro*, **the waiter got cheesed off at the cook!**

Everything from soup to nuts
Entender ou explicar tudo, de A a Z.

Tudo mesmo! Tudo o que alguém possa imaginar! Traduzida literalmente para o português, a expressão quer dizer: "Tudo, de sopa a castanhas", e traz a ideia de conter todo tipo de alimento. Essa expressão faz uma analogia entre alimentos e itens de um assunto que se quer entender ou explicar em uma discussão, por exemplo.

Have your cake and eat it
Caia na real!

Literalmente, em português, significa: "Ter um bolo e comê-lo". Ou seja, como em "assoviar e chupar cana", não se pode possuir um bolo e comê-lo simultaneamente. Se você come o bolo, naturalmente ele acaba e você já não o possui. Isso significa que, às vezes, é preciso escolher uma coisa ou outra quando há um impasse. Seja realista!

Other fish to fry
Ter mais o que fazer

Não tem aquele dia em que você está sobrecarregado(a) e alguém ainda lhe pede uma ajuda? Quando não dá para ajudar você diz: Hoje não dá. Tenho mais o que fazer! Ou, literalmente em inglês, um "outro peixe para fritar".

To spill the beans
Dar com a língua nos dentes

A expressão inglesa significa, literalmente em português: "Vomitar feijões?" Para os brasileiros, o feijão não se vomita: é comida de todos os dias, importante, pois faz parte de nossa dieta. No entanto, para os falantes de língua inglesa é alimento que não faz parte do cardápio, portanto, o sabor acentuado do feijão causa estranhamento ao estômago. Assim, a expressão é uma maneira menos contundente de se dizer vomitar (**to throw up** ou **to vomit**), isto é, não conseguir segurar os feijões e, consequentemente, não conseguir guardar um segredo.

Expressões Gerais

A bit of skirt
Ser gostosona

Diz-se de uma mulher sexualmente atraente, que chama a atenção quando passa. "Um pouco de saia", literalmente, pode ser entendido como um "pedaço de mulher," uma gatona.

A hair's breadth
Quase! Por um triz!

Usa-se essa expressão quando se quer mostrar a pequena margem existente entre o que deveria acontecer e o que, definitivamente, não aconteceu. Lembre-se, no entanto, que "quase" é usado para distâncias espaciais e "por um triz" para distâncias temporais.

A one-night stand
Um caso de apenas uma noite

Quando alguém sai somente uma vez com uma pessoa, exclusivamente para fazer sexo, sem ter nenhum tipo de relacionamento ou compromisso, se diz, em inglês, que se está a fim de **one-night stand**. No entanto, usa-se também a expressão quando alguém vai se apresentar em algum lugar por uma só noite, para um show ou para uma palestra, por exemplo.

As a duck takes to water
Fazer algo com um pé nas costas

Já viu pato com dificuldade de se movimentar na água? "Como um pato se adapta à água", a expressão é empregada para uma atividade que não exige maior esforço para ser feita e é realizada naturalmente.

Bad hair Day
Ter um dia de cão

Quando dizemos que alguém está tendo um dia ruim, daqueles em que nada dá certo, usamos tal expressão. Um dia ruim, assim como cabelos, pode acontecer independentemente da vontade da pessoa. Às vezes os cabelos parecem ter vida e vontade próprias e simplesmente rebelam-se, não havendo como ajeitá-los.

Call (all) the shots
Dar as cartas

A pessoa que **call the shots** (literalmente, "mandar atirar") é aquela que toma todas as decisões, que resolve as coisas.

Closing the stable door after the horse has bolted
Fechar a porta do estábulo depois que o cavalo fugiu
> Para controlar uma situação, há de se tomar atitudes. Após o ocorrido, não há mais nada a fazer, ou seja, melhor prevenir do que remediar.

Cut the deadwood out
Fazer uma limpa
> "Cortar os galhos mortos e secos" de uma árvore ou planta significa fazer uma limpeza, preparar a planta ou qualquer outra coisa para propósitos outros. Entretanto, tem também um sentido figurado, que é o de mandar embora os funcionários improdutivos, "dar uma poda".

Dead in the water/dead in arrival
Sem chance de sucesso
> Expressão de origem náutica que indica que um empreendimento está falido já em sua concepção, sem a menor chance de ser bem-sucedido. Literalmente quer dizer "morto na água/morto ao chegar".

Easy come, easy go
Subir que nem rojão, descer como vareta
> O que vem fácil, vai fácil! Assim como o dinheiro na mão de quem não aprendeu a administrá-lo. Essa expressão é muito usada para descrever quem enriquece facilmente. Notadamente puritana, não admite que alguém possa ficar rico sem trabalhar exaustivamente. Pode ser usada também como **The bigger they are, the harder they fall**, ou seja, *Quanto maior a altura, maior o tombo*

Fall off the wagon
Ter recaída

"Cair do vagão"? Tem que estar muito bêbado! Usa-se esta expressão quando alguém recomeça a beber, após um período de abstinência.

Fits and starts
Aos trancos e barrancos

Geralmente utilizada com as preposições **by, in, with**, (*por, em, com*) essa expressão se refere a algo que se movimenta irregularmente, com paradas e reinícios.

Funked out
Estar chapado

É o que se diz da pessoa que está intoxicada por drogas, embriagada ou drogada. Há na expressão a ligação com uma tribo urbana – *os Funks*, que são jovens que não se encaixam no estereótipo desejado pela sociedade. Bem segregacionista, não é?

Go awol
Estar no mundo da lua

A(bsent) w(ith)o(ut) l(eave), quer dizer: "ausente sem deixar o local". Expressão de origem militar, denota alguém simplesmente "viajando", sem sair do lugar, sonhando acordado, distraindo-se, entre outros sinônimos.

Go off the rails
Surtar, estar indo mal

Sair dos trilhos, descarrilar? Dizemos isso de alguém que se comporta de maneira estranha, não condizente com os padrões estabelecidos, ou seja, de modo inaceitável. No entanto, usamos essa expressão para uma coisa ou situação sem sucesso, que não está funcionando por causa de mau gerenciamento.

Go on a rampage
Rodar a baiana

Pirou? Armou barraco? Se você perde a paciência ou explode de raiva, vai ouvir tal expressão em inglês. Literalmente significa "ir para um acesso de fúria".

Grasping at straws
Agarrar com unhas e dentes

"Agarrar-se à palha"? Claro que não se diz isso em português. Se estiver difícil realizar uma tarefa qualquer, mas você continuar tentando, poderá ter sucesso. Usada quando alguém tenta ser positivo e esperançoso em determinada situação.

Hair and hide (horns and tallow)
Sugar até a última gota

Muito usada em abatedouros, referindo-se ao aproveitamento que se faz do boi. Quando se abate um bovino, tudo é utilizado, pelo e couro (**hair and hide**), chifres e sebo (**horns and tallow**), entre outros.

Hair of the dog that bit (one)
Rebater a ressaca

Literalmente: "o pelo do cão que o (a) mordeu". Acordou acabado? Bebeu demais ontem? Quer um conselho? Tome um drinque, geralmente o mesmo que causou a bebedeira, para se sentir melhor e curar a ressaca (ou não!).

Have it coming
Ter o que merece!

Ter algo vindo? Na verdade, o que vem é a consequência! Se

você apronta, sabe o que está fazendo e, assim mesmo, faz, tem que aceitar o que vem depois. Pode-se dizer que você teve o que mereceu, ou seja, cometeu um erro e pagou por ele.

(A) Hell on earth/living hell
Inferno!

Apesar de sua vida estar um *inferno*, você ainda está no planeta Terra, embora às vezes não pareça. Se a situação é bastante desagradável, usamos essa expressão, como em: **My life is a living hell**/*Minha vida é um inferno*, ou então **My life is a hell on Earth**/*Minha vida é um inferno (na Terra)*.

Kiss someone's ass
Puxar o saco de alguém

É quando você tenta agradar demais outra pessoa, geralmente por interesses próprios. Em inglês há outras expressões com esse sentido, tais como: **Apple polisher**, ou seja, "polidor de maçãs", literalmente, e **Brown nose**, quer dizer, "cheirador de cu (com merda)".

Liquid refreshment
Tomar uma gelada

Cansado de trabalhar? Que tal *tomar uma gelada*? Uma bebidinha que refresca e relaxa na hora que você precisa descansar. Trata-se geralmente de bebida alcoólica.

Make a clean breast of
Tirar um peso das costas

Seria o equivalente ao nosso desabafo, ou seja, contar algo que está incomodando, a fim de sentir-se aliviado, e não "fazer um peito limpo de" alguma coisa, como sugere a expressão inglesa.

No strings attached
Incondicionalmente

Se alguém dá, por exemplo, dinheiro a você e não exige nada em troca, dizemos que esse dinheiro veio com **no strings attached** (sem fazer exigências ou impor limites). Também se usa **with strings attached,** para quando são impostas condições para que você receba o dinheiro. **Strings** significa *barbantes, cordões* e **attached** pode ser traduzido como *amarrado*.

Nuts to you
Vá embora, caia morto!

Nuts aqui tem uma conotação negativa, significando que alguém quer ou deseja mandar outra pessoa para o *inferno*, e não "castanhas para você", no sentido literal.

Odds and ends/odds and sods
Ter quinquilharias

Esta expressão se refere a um grupo de pequenos objetos de diferentes tipos que não são muito importantes ou valiosos. É usada em frases como: **There were lots of odds and ends in my handbag and I couldn't find my keys**. Significa: *Havia muita quinquilharia em minha bolsa e eu não conseguia encontrar as chaves.*

Quick on the draw
Ser rápido no gatilho

Pode-se dizer que você *é rápido no gatilho*, ou *rápido em sacar,* se você está sempre com a resposta na ponta da língua, ou se você reage prontamente a qualquer situação, mostrando ter raciocínio rápido. Às vezes, essa expressão é usada para se referir a alguém que tem atitudes impensadas, exerce uma reação rápida demais a uma situação e, por isso, comete erros graves.

Raise a hue and cry
Levantar a lebre

Quando você quer alertar as pessoas sobre um problema ou dificuldade, você *levanta a lebre*. Como no clamor público ou no grito de protesto, a intenção é ser útil e eficiente na sociedade em que participa. **Raise a hue and cry** significa *levantar a lebre* e não "levantar um grito e chorar".

Rub salt in/into the wound
Colocar o dedo na ferida

Imagine *esfregar sal* (**rub salt**) em *machucado* (**wound**) aberto. Horrível, não? A expressão significa piorar as coisas, torná-las mais difíceis do que já são.

Saving Grace
O que salva

A única coisa que salva alguém ou alguma coisa de ser um completo desastre, como, por exemplo, na frase: *O que salva nela são os óculos*/**Her saving Grace are her glasses.**

Shoot your bolt
Nadar, nadar e morrer na praia.

Se você se esforça muito para conseguir alguma coisa, mas desiste quando está muito próximo de conseguir, pois se encontra sem energia para terminar, podemos dizer que você nadou, nadou e morreu na praia, e não que "atirou seu raio".

Sign your own death warrant
Dar a cara à tapa

Significa "assinar a própria certidão de óbito", ou seja, a

expressão é usada quando você vai fazer alguma coisa sabendo que vai se dar mal, ou ainda, quando sabe que o que está fazendo é inapropriado ou ilegal, e mesmo assim faz.

The nuts and bolts
Aprender ou entender os fundamentos básicos (de alguma coisa).

The nuts and bolts (*porcas e parafusos*) significa realmente *aprender a base das coisas*. Se, por exemplo, alguém quer aprender a escrever, tem que aprender **the nuts and bolts** de redação, que seria a confecção de parágrafos, a coesão, a coerência etc.

To go ballistic
Pirar o cabeçote

Se você ficou totalmente insano, não sabe o que faz, então você **go ballistic** (literalmente "ir balística"), ou seja, ficou piradinho.

Too close to call
Ser imprevisível

Quer apostar? Não? Está com medo? Ahn! O resultado é imprevisível, certo? Essa expressão é usada para competições ou eleições, quando é impossível prever o resultado final, ou seja, quem será o vencedor, como no exemplo: **Tonight's semifinals match is too close to call;** quer dizer: *O resultado da partida das semifinais desta noite é imprevisível,* e "não perto demais para alcançar" que é a tradução literal da expressão em inglês.

Toss (one's) hat into the ring
Lançar candidatura

Essa expressão é usada não para "jogar o chapéu de alguém dentro do ringue", mas sim para "anunciar a candidatura de indivíduos que concorrem a cargos públicos ou privados", como no exemplo: **Jane wanted to run for mayor, so she tossed her hat into the ring**. Ou seja, *Jane queria concorrer ao cargo de prefeito, então ela lançou a sua candidatura*.

To throw a tantrum
Fazer birra.

"Jogar um chilique", o que na realidade significa *fazer birra*, é o que as crianças fazem quando não têm suas vontades atendidas e, sentindo-se frustradas, atiram-se ao chão e dão chilique, ou seja, gritam, batem a porta, batem a cabeça na parede, entre outras atitudes, pois não aceitam serem contrariadas.

Trials and tribulations
Enfrentar provações

Quando você está com problemas, tem de enfrentá-los com coragem e perseverança, uma vez que são como provações pelas quais você tem de passar. Dizemos então que a pessoa tem **trials and tribulations** (*julgamentos e tribulações*, literalmente).

Waifs and strays
Os sem teto

Expressão britânica e australiana dirigida a pessoas ou animais que não têm casa ou alguém que cuide deles. Esses animais e pessoas ficam, portanto, abandonados à própria sorte. Tanto **waifs** quanto **strays** significam pessoa ou animal sem lar.

CAPÍTULO 2

QUEM TEM BOCA VAI A ROMA

Provérbios

Breve, mas fundado em uma longa experiência, parábola condensada, mensagem literária curtíssima, cuja grande densidade compensa a brevidade, expressão sucinta de um pensamento importante com emprego quase universal, resplandece de inteligência, flecha que se finca afiada e pontiaguda na memória, o provérbio sabe, com paciência e com economia, dizer as penas e as alegrias, a mesquinhez e a esperança da condição do homem animal. Aplicável a problemas, fatos, ideias, vícios, virtudes de todos os homens, adverte, corrige, censura, desaprova e aconselha. Muitas vezes humorístico, repleto de sabedoria popular, de origem anônima e de propriedade alheia, se autodefine como um pequeno evangelho que não engana ninguém, vale mais do que cem livros e diz a verdade de mil e uma maneiras.[1]

---

[1] Breve, ma fondato su di una lunga esperienza, parabola concentrata, messaggio letterario brevissimo di cui la grande densità compensa la brevità, espressione succinta di un pensiero importante con applicazione quasi universale, scintilla d'intelligenza, freccia che si pianta affilata e aguzza nelle memorie, il proverbio sa, con pazienza, con economia, dire le pene e le gioie, le piccinerie e le speranze della condizione d'animale umano. Applicabile a

Dizem que os provérbios caracterizam a sabedoria dos povos e que toda pessoa instruída emprega várias vezes, e muito bem, provérbios em suas falas. Será? Sabemos que os provérbios servem não só para que uma pessoa consiga impor a sua autoridade, mas também contradizer verdades preestabelecidas. São usados geralmente para encorajar alguém a fazer ou deixar de fazer algo, para dar-lhe conselhos positivos ou negativos, para estimular o perdão ou o castigo, enfim, para ajudar alguém a encarar melhor as intempéries da vida ou dar mais valor ao que lhe acontece.

Sem dúvida alguma, os provérbios representam um patrimônio cultural incomensurável que proporciona uma imensa riqueza de significados às línguas humanas, fato esse que os projeta em uma dimensão histórica universal. Além disso, sintetizam o valor de incontáveis experiências humanas que, de certo modo, são levadas a uma reflexão pelas gerações futuras para que possam extrair úteis ensinamentos e apropriadas exortações, isto é, conselhos e avisos, para serem capazes de enfrentar, com maior serenidade e confiança em si mesmos, os pequenos, grandes e múltiplos desafios que a vida quotidiana lhes reserva.[2]

Quem não conhece a célebre frase "Deus ajuda (a) quem (muito) cedo madruga", empregada constantemente por trabalhadores que devem acordar cedo para ir ao trabalho, servindo de consolo e dando-lhes ânimo no dia que está por vir. Vejamos algumas dessas

---

problemi, vicende, idee, vizi, virtù di tutti gli uomini, ammonisce, corregge, censura, disapprova e consiglia. Spesso umoristico, pieno di saggezza popolare, di origine anonima e proprietà di ognuno, definisce se stesso come un piccolo vangeloche non inganna nessuno, vale più di cento librie dice il vero in cento modi. Ariella Flonta. Traduzido por Claudia Zavaglia. Disponível em:
http://www.deproverbio.com/display.php?a=3&r=14 Acesso em: 15/10/2009.
2 BIANCARDI, F. *Tramandare*. Una bella raccolta di locuzioni italiane e latine, aforismi, citazioni, massime, proverbi. Napoli: Manna, 1997.

sentenças populares em língua inglesa com o seu equivalente em português:

A bird in the hand is worth two in the bush
Melhor um pássaro na mão do que dois voando

É sempre melhor garantir! Aos sonhadores um recadinho: é melhor contar com aquilo que já temos ou com o que está ao nosso alcance do que com aquilo que imaginamos que possa vir um dia a acontecer. Baseado em estatísticas, para que trocar o certo pelo duvidoso?

Absence makes the heart grow fonder
Longe dos olhos, perto do coração

Saudades? Se você gosta muito de uma pessoa e essa pessoa deixa o seu convívio, a saudade pega forte. Além desse sentimento "negativo" que deixa você triste, há de haver algum consolo para a distância. Algo como a realização pessoal ou profissional da pessoa que você ama. Portanto, se tal sujeito está bem, embora esteja longe dos olhos, ele estará bem próximo do seu coração.

A close mouth catches no flies
Em boca fechada não entra mosquito

Você se lembra da última vez que falou o que não devia e pagou o maior mico? Pois é, se você se expõe muito, há muitas oportunidades de ser mal compreendido. É por essa razão que temos dois ouvidos e uma boca: para escutar duas vezes antes de nos pronunciarmos.

A friend in need is a friend indeed
Amigo na necessidade, amigo de verdade

Quando você está sem saída, sem dinheiro e sem emprego, o que lhe sobra é só poder contar com amigos de verdade. Verdadeiros amigos são aqueles que estão sempre com você, principalmente em momentos de dificuldade e não se interessam pelo que você tem, mas pelo que você é.

All good things comes to he who waits
Quem espera sempre alcança

Paciência ou perseverança? Os dois. Aqui o que se considera é que a sorte chega para todos e quem estiver preparado para recebê-la, vivendo segundo os preceitos da boa conduta moral, vai alcançá-la, mais cedo ou mais tarde. O que importa é seguir dia após dia com os preparativos para a chegada do objetivo que se tem em mente.

All that glitters is not gold
Nem tudo que reluz é ouro

Não acredite em tudo que vê. Às vezes um só sentido nos confunde e perdemos o que realmente importa. O que brilha para alguns pode ser o que cega para outros. Assim, precisamos duvidar, checar e, se preciso, confirmar o que vemos, pensamos e sentimos. Só assim teremos a garantia de conseguir realmente algo de valor.

A man is known by the company he keeps
Diz-me com quem andas e te direis quem és

O fato de julgar as pessoas pelas roupas, pelos amigos e pelos hábitos que tem é histórico. Os provérbios somente enfatizam essa característica social. O dito acima mostra como podemos ser cruéis com os outros. Usamos esse provérbio quando queremos "punir" alguém pelo fato de ele/ela ter amigos de cuja conduta discordamos, como se o nosso comportamento fosse o único possível e não houvesse diferenças individuais.

A fool and his money are soon parted
Dinheiro não aceita desaforo

Gastar inadvertidamente, não dar valor ao dinheiro quando se tem, entre outras atitudes "irresponsáveis" com o dinheiro, faz com que a pessoa perca tudo e fique falida. Saber gastar é dar valor a cada centavo ganho. Dinheiro que vem fácil vai fácil. E nada pior do que não ser dono das próprias vontades e do próprio destino, sempre dependente de alguém ou de algo que possa acontecer.

A leopard cannot change his spots
Pau que nasce torto, morre torto

Como no pensamento positivista, baseado em comprovações da ciência genética, não há mudanças. Assim como nasceu, o ser humano morrerá. Todos os seus passos são geneticamente delimitados. O destino é predestinado pelo conjunto de DNAs que as pessoas carregam. Tal pensamento, na contemporaneidade (era pós-Hitler), é preocupante. As pessoas mudam sim e são, no mínimo, uma combinação da genética com o contexto histórico social ao qual estão expostos.

A picture paints a thousand words
Uma imagem vale por mil palavras

Já viu pais que fumam, a todo instante, falarem aos filhos sobre os malefícios do cigarro? Parece piada, mas enquanto discursam para os filhos, continuam fumando. Para os filhos, não há lógica em pregar um comportamento que nem eles mesmos conseguem fazer, ou seja, mil palavras caem no vazio e o que prevalece é a imagem.

Bad news travels fast
Notícia ruim voa

Sensacionalismo realmente atrai. Olhe só quantos exemplares do jornal **Notícias Populares** são vendidos diariamente. Quando você faz o que é certo, todo dia, você só cumpre sua obrigação e ninguém liga para o que ocorre com você. No entanto, tente "pisar na bola". Você vai escutar a sua "história" em muitos lugares e por muito tempo. **That's life!** *(É a vida!)*.

Barking dogs seldom bite
Cachorro que ladra não morde

Pessoas que ficam o tempo todo dizendo que fazem e acontecem geralmente são inertes, não realizam nada de concreto. Quem muito fala, pouco age. Tal provérbio significa que não devemos nos preocupar com tal tipo de pessoas. Em inglês, o advérbio **seldon** indica que raramente tais "falatórios" devem ser considerados.

Beauty is in the eye of the beholder
A beleza está nos olhos de quem vê

Há um(a) parceiro(a) ideal para cada alma, dizem as previsões astrológicas. Como, dentre tantos(a) disponíveis, escolhemos o par perfeito? Não será por nenhum modelo específico de beleza, pois se assim fosse, o privilégio da escolha seria delegado a apenas alguns. Todas as pessoas são lindas. O que elas precisam é encontrar quem assim as veja.

Better late than never
Antes tarde do que nunca

Já teve a sensação de conseguir algo que pensou que nunca aconteceria com você? Pois é, *antes tarde do que nunca*. Muitos falam assim quando se casam (na meia idade), têm filhos com mais de 40, tornam-se adultos aos 50. Isto é, a felicidade ou o seu par antagônico... pode aparecer a qualquer momento!

Clothes do not make the man
O hábito não faz o monge

Ninguém deve ser julgado pelas roupas que usa. Em inglês, o provérbio leva em conta a liberdade de se vestir como quiser sem ser rotulado como rico, pobre, entre outros. Em português, além do mesmo sentido do inglês, o provérbio também compara o par materialidade versus espiritualidade. A materialidade fica sem valor, como algo para pessoas superficiais, sem conteúdo. A espiritualidade, por sua vez, é muito respeitada. O ato de vestir-se – bem ou não – não está ligado à valorização da pessoa. Ela deve ser sim valorizada pelo que é espiritualmente.

Curiosity killed the cat
A curiosidade matou o gato

Ao contrário dos cientistas que precisam ser curiosos para pesquisar e encontrar novos achados, nesse provérbio os curiosos se dão mal. Como em filmes B de terror, a curiosidade aqui sempre coloca em risco a vida de quem sai da linha.

Do as I say, not as I do
Faça o que eu falo, não faça o que eu faço

Esse provérbio é típico de pessoas que só acham que sabem o que é melhor para os outros, sem se preocupar com o exemplo que dão ou do que seja melhor para si mesmas. De fato, dão muitos conselhos que não seguem e se acham no direito de usar essa frase para se desculparem de suas atitudes, que são, muito provavelmente, diferentes do teor do conselho.

Don't count your chickens before they're hatched
Não conte com o ovo dentro da galinha

> Nunca podemos fazer previsões sem termos certeza de que possuímos tudo o que precisamos para realizar alguma coisa. Não devemos supor que algo irá acontecer e contar com seus resultados sem que tenhamos efetivamente algo em mãos. Não temos, ainda , a capacidade de prever o futuro. O máximo que sabemos sobre ele são conjecturas, que podem se alterar à medida que outras coisas inesperadas ocorrem.

Don't cry over spilt milk
Não chore sobre o leite derramado

> Não adianta ficar lamentando uma situação que já passou e cujos resultados já foram comprovados. O passado, quando é bom, nos serve de fonte de boas memórias. Quando é ruim, entretanto, nos serve de experiência. A lamentação só faz de você uma pessoa chata que não vai mudar o que já foi feito.

Don't look a gift horse in the mouth
A cavalo dado não se olham os dentes

> Em inglês temos dois provérbios com a mesma mensagem: o que se ganha não se reclama. Se for dado, se você não pagou nada, aceite e veja o que tal acontecimento, ou objeto, pode trazer de positivo para a sua vida. Receba o presente, e aproveite-o da melhor maneira.

Don't put off for tomorrow what you can do today
Não deixe para amanhã o que você pode fazer hoje

> Adiar as coisas não fará com que elas se tornem mais fáceis de serem realizadas no futuro. Você pode perder "o bonde da história" ou também pode ser vítima da sorte que, como também se diz no provérbio, "bate uma só vez". Dessa maneira, resolver logo um problema ou uma situação

complicada só pode melhorar as coisas. Fazer suas tarefas hoje, faz do amanhã um dia novo, cheio de possibilidades.

Don't put the cart before the horse
Não coloque a carroça na frente dos bois

As coisas têm um tempo certo para ocorrer. Crianças, geralmente, não andam antes dos oito meses, por exemplo. As flores não brotam antes da primavera. Não colhemos antes de plantar, molhar, adubar. A pressa e a ansiedade não mudam a ordem natural das coisas no mundo ao seu redor, nem que esse seja o seu maior desejo.

Every dark cloud has a silver lining
Depois da tempestade vem a bonança

Tudo o que ocorre de negativo tem seu lado positivo. Aparentemente, quando passamos por um problema, não vemos o que ele pode melhorar na nossa vida futura. Estamos tão envolvidos nele que não percebemos como sair e como aprender a partir dele. Tal provérbio nos chama a confiar, além de acreditar que sempre há uma saída e que temos que ver nossos problemas por inteiro e aprender com eles. Assim fazendo, tudo se resolve e nossos objetivos são alcançados.

Good things come in small packages
Os melhores perfumes estão nos menores frascos

Se você concorda que a altura, como mostram algumas pesquisas, pode lhe oferecer melhores chances de emprego, o que fará alguém que nasceu baixinho? Bom, além de se esmerar mais nas tarefas que realiza, essa pessoa precisará se valorizar. E como fazer? Mostrando as suas qualidades incomparáveis. Dessa forma, nada se compara as essências caríssimas de perfume, vendidas em pequenos frascos, muito valiosas por serem únicas, exclusivas e difíceis de achar.

He who laughs last, laughs best
Quem ri por último, ri melhor

Lema da vingança primitiva. É assim que se defende quem é alvo de piadas ou falcatruas, acreditando que a justiça vá, ao final, prevalecer. Na verdade, esse provérbio é uma espécie de ameaça que quer dizer: a "verdade" aparecerá e o oponente irá "se dar mal".

If you can't beat them, join them
Se você não pode com eles, junte-se a eles

Tentar lutar com algo ou alguém muito mais forte ou poderoso é inútil e não trará nenhum resultado positivo para o lutador. Tentar encarar a força do outro de forma positiva é sinal de inteligência. Esse provérbio é usado por pessoas que admitem a superioridade do outro e, humildemente, se juntam a ele(a), invertendo uma situação anteriormente desfavorável.

If life deals you lemons, make lemonade
Se a vida te dá limões, faça uma limonada

Lema número um do pensamento positivo, significa que tudo o que aparece em sua vida é de sua responsabilidade e cabe unicamente a você tornar o que recebe em um presente ou uma maldição. Se a vida lhe oferece algo amargo, você não pode negá-lo, mas, ao contrário, poderá torná-lo mais adequado aos seus desejos. Se forem limões, acrescente água e açúcar, e usufrua de um suco refrescante e agradável, ou seja, pare de reclamar e modifique suas opções.

It's the early bird that gets the worm
Deus ajuda a quem cedo madruga

Não está provado que os matutinos vivem mais ou tem uma vida melhor, nem o contrário, ou seja, que os vespertinos tenham vantagens em acordar tarde. No entanto, esse provérbio foi projetado em uma época em que o homem vivia da terra e para o seu trabalho, dependendo do sol e da luz do dia. Assim, nada melhor do que comparar (em inglês) o homem aos pássaros, que acordam quando o sol nasce e se alimentam do que a terra oferece – no caso, as minhocas. Em português, colocaram Deus no meio. Em um país predominantemente católico e colonizado, a fim de convencer as pessoas a trabalharem de sol a sol, somente uma promessa de proteção divina poderia convencê-los a realizar tal ação.

Love is blind
O amor é cego

A ideia aqui é a de que se amamos alguém, não há a necessidade de explicarmos o porquê do nosso sentimento. Amamos e ponto final! E, por amarmos, não enxergamos no outro seus defeitos e vemos nele a perfeição, mesmo que isso não seja o que os outros veem. O provérbio, no entanto, refere-se ao amor, e como sentimento não passageiro, mantém-se sempre cego. O contrário da paixão, em que se é cego por um tempo e depois se volta a enxergar. Casais apaixonados, por exemplo, ficam insistindo em mostrar aos outros as qualidades magníficas de seus parceiros. "Ele não é lindo?" "Olhe só que boca perfeita tem a minha namorada". Mas tal como a piada do casal que olha a lua encoberta por nuvens, tal imagem se desvanece. A esposa mostra a lua ao marido, que lhe responde: "Ela está envergonhada da sua imensa beleza, por isso se esconde". Anos mais tarde, o episódio volta a ocorrer. A única diferença agora é a resposta do marido: "Não está vendo que vai chover?"

Man does not live by bread alone
Nem só de pão vive o homem

"A gente não quer só comida. A gente quer comida, diversão e arte", já dizia a música cantada pela banda Titãs. Esse provérbio enfatiza a necessidade de alimentarmos a alma, o espírito e não só o corpo. Neste provérbio, no entanto, quando foi concebido, não foi a arte que complementou o ser, mas a palavra de Deus, a espiritualidade. Hoje, ele é utilizado das duas maneiras apresentadas.

Money does not grow on trees
Dinheiro não dá em árvores

Quando uma pessoa gasta excessivamente o dinheiro, geralmente, dos outros, tal pessoa tem, como os falantes de inglês afirmam, **Money issues**, quer dizer, "problemas com dinheiro". Isso porque tais pessoas, geralmente egoístas e mimadas, não dão valor ao esforço e ao merecimento do outro. Desse modo, precisam ser avisadas que o dinheiro é resultado do esforço de alguém.

Necessity is the mother of invention
A necessidade faz a lei/A necessidade faz a lebre correr

Você já ouviu dizer que quando a água bate na bunda aprendemos a nadar? Pois é isso que significa tal provérbio. Nada é criado se não precisamos. As coisas acontecem quando somos obrigados, por necessidade de sobrevivência ou outras, a buscar novas formas de agir. Assim, como a lebre que não corre, a não ser que um predador a persiga, geralmente não nadamos, a não ser que sejamos obrigados por alguma necessidade.

No pain, no gain
Quem quer vencer, aprenda a sofrer

Muito usado para treinamento de esportes em geral, o provérbio reporta ao sucesso proveniente do esforço, ou seja, talento só não basta. Se pararmos para pensar, o talento de uma pessoa pode fazer a diferença em algumas situações, mas em grandes competições, haverá também outras pessoas tão talentosas quanto você querendo vencer o jogo! Dessa forma, só o seu esforço fará a diferença mesmo!

Nothing ventured, nothing gained
Quem não arrisca, não petisca

Diferente dos provérbios que garantem a estabilidade do "sonhador", como *Melhor um pássaro na mão do que dois voando* ou *Não conte com os ovos dentro da galinha* ou ainda *A curiosidade matou o gato*, nesse quem não confia na sorte, perde oportunidades. Comparando o homem aos animais, que tentam várias vezes antes de serem bem-sucedidos em suas caçadas, a ideia é que o homem tente sempre, e nunca desista, para alcançar aquilo que deseja.

Practice makes perfect
A prática faz a perfeição

Como em muitas coisas na vida, para fazermos algo bem, devemos treinar bastante. Assim, para ser um bom jogador de futebol ou um bom aluno de matemática, por exemplo, quanto mais você treinar, mais vai chegar perto da perfeição! Por isso, bom treino!

Rome wasn't built in one day
Roma não se fez em um só dia

Novamente a paciência para aguardar o resultado do trabalho realizado apresenta-se aqui, ou seja, não adianta ficar ansioso, querendo que tudo se resolva ao mesmo tempo. É preciso esperar pelos resultados do trabalho finalizado, de um trabalho que se faz pouco a pouco, dia a dia. Aqui, retira-se a impetuosidade dos jovens e acrescenta-se a experiência dos que já sabem como se faz. A comparação com a capital do Império Romano traz, nas entrelinhas, a comparação com a criação do mundo, feita por Deus em sete dias, e não em um só dia. E se Deus levou todo esse tempo para fazer o mundo, como podem os homens querer realizar tudo de uma só vez?

Spare the rod, and spoil the child
É de pequeno que se torce o pepino

Sabe aquela época em que as crianças não respondiam para os mais velhos porque tinham medo de apanhar? É verdade! Bater fazia parte da educação e o medo falava mais forte nas crianças. Um **rod** é um pau ou ferro que era usado para bater e "educar" as crianças, para que não fossem mimadas e "estragadas".

That which does not kill us, makes us stronger
O que não mata, engorda

Você já ouviu falar da "lei" dos dez segundos? Quando um alimento cai no chão, se você pegá-lo em dez segundos pode comê-lo à vontade? Pois é, saiu daí esse provérbio. A fim de não desperdiçar alimentos – que eram escassos em tempos de má colheita e de guerras – se eles caíssem ao chão, poderiam ser consumidos assim mesmo. Em inglês, o alimento nos faz mais forte, em português nos faz mais gordos. Como assim? Um pouco de gordura, antigamente, era sinal de saúde.

The apple doesn't fall far from the tree
Filho de peixe, peixinho é

Esse provérbio é usado em situações em que se compara o filho ao pai. Pode servir tanto para elogiar ou criticar as ações de um filho (ou filha). O que interessa é a relação de semelhança entre os dois. Tal como outro provérbio em inglês – **Like father, like son** – é a continuação de uma tradição: *Tal pai, tal filho*.

The grass is always greener on the other side of the fence
A galinha do vizinho é sempre mais gorda

O ser humano sempre acha que a mulher do vizinho é mais bonita, que o carro do outro é mais potente, que a conta bancária do amigo é mais recheada. Nunca está satisfeito com o que tem, não dá valor para o que é seu, mas sim para o que é do outro. Talvez seja só impressão ou talvez ele tenha realmente razão!

The road to hell is paved with good intentions
De boa intenção, o inferno está cheio

As boas intenções não garantem que uma situação seja resolvida, nem que um problema seja solucionado. É preciso haver empenho, vontade de realização, ação e não somente palavras. Não importam as intenções se o ato for conveniente apenas para quem o faz. Precisa enxergar sob o ponto de vista de quem está precisando da ajuda. Dessa forma, de que adianta ajudar um velhinho a atravessar a rua, se essa não é a intenção dele? Ou seja, para "bancar o caridoso" muitas pessoas colocam as outras em situações piores das que estavam anteriormente.

The spirit is willing, but he flesh is weak
A carne é fraca

Não importam nossos propósitos se não conseguirmos controlar nosso corpo, cheio de instintos e imperfeições. Aqui se compara o ser humano com Deus, mostrando que nunca controlaremos nossos instintos primitivos. Tal provérbio é altamente limitador, como se o ser humano fosse incapaz de ter um cérebro que comandasse suas ações. Freud explica!

Too many chiefs, not enough indians
Muito cacique para pouco índio

Em uma empresa ou similar tem de existir orientações que não podem ser dadas por pessoas diferentes, com ideias diferentes, pois isso confunde as outras pessoas que deveriam obedecê-las. Significa que há muitos para mandar e poucos para obedecer.

Two's company, but three's a crowd
Um é pouco, dois é bom, mas três é demais

Casais normalmente querem ficar juntinhos, sem ninguém para atrapalhar. Eles não querem ninguém por perto. Uma terceira pessoa ficará "de vela", sobrando, e só irá incomodar. Esse provérbio também pode ser usado em qualquer situação, seja amorosa ou não, que uma dupla está sintonizada e um terceiro elemento aparece para quebrar a harmonia.

Two heads are better than one
Duas cabeças pensam melhor que uma

Uma ideia é mais bem desenvolvida se a dividirmos com alguém. Assim, se trabalharmos em equipe o resultado poderá ser muito mais positivo. De fato, pensar com alguém faz com que novas ideias surjam, cresçam e se aperfeiçoem!

When the cat's away, the mice will play
Quando os gatos saem, os ratos fazem a festa

Sem regras e orientação, tudo pode ser feito. Bagunça em casa, festas no escritório etc. são mais divertidas com total liberdade, sem ninguém para dizer o que deve ou não ser feito.

Where there is smoke, there's fire
Onde há fumaça, há fogo

Usa-se essa sentença quando há evidência de algum problema, embora não haja nada de concreto até aquele momento.

É geralmente usada em "fofoca", quando alguém está falando de outra pessoa e quer insinuar que há uma parte verdadeira na história toda que está sendo escondida.

You're never too old to learn
Nunca é tarde para aprender

Você já pensou em fazer um curso de inglês, de sapateado, de pintura artística, de guitarra ou de outras coisas, em seu tempo livre? Pois é, apesar de alguns dizerem que a infância é a melhor idade para aprendermos, nunca é tarde para fazer o que se gosta. Pode não ser tão fácil como para as crianças, mas alguém aqui se lembra de ter pensado que alguma coisa poderia dar errado quando era criança e queria aprender alguma coisa? Lembram-se das dificuldades? Como na infância, mais tarde, as dificuldades são apenas diferentes e a felicidade da conquista de algo aprendido é sempre a mesma.

You can't have your cake and eat it too
Ninguém pode assobiar e chupar cana

Não se pode ter duas coisas incompatíveis ao mesmo tempo. É preciso abrir mão de uma para ter a outra e vice-versa. Não dá para nadar e ao mesmo tempo ficar na terra.

CAPÍTULO 3

AMIGO DA ONÇA

Os falsos cognatos

O que o inglês e o português têm em comum? À primeira vista, a resposta a essa pergunta seria simples: nada! No entanto, as duas línguas possuem um importante denominador comum, que é a presença de uma terceira língua: o latim. Muitas palavras em latim ou adaptadas do latim entraram para a língua inglesa desde muito antes da Idade Média, com frequência "competindo" com palavras de origem anglo-saxônica. Esse é o caso de *liberty* e *freedom*. Ambas significam "liberdade", mas a primeira vem do latim e a segunda do Old English, a primeira etapa da evolução da língua inglesa. Outro exemplo seriam as palavras *fraternity* e *brotherhood*, ambas significando "fraternidade".

Embora possamos considerar as palavras de origem latina na língua inglesa fáceis de serem entendidas, especialmente por sua aparente proximidade com suas correlatas em português (**fraternity**/*fraternidade*), muitas vezes a semelhança torna-se uma armadilha terrível para aqueles que não conhecem bem o inglês. Isso porque algumas dessas palavras, embora tenham uma "aparência" conhecida, não são (e não significam) aquilo que parecem ser. Elas são chamadas de "falsos amigos", "falsos cognatos" ou até mesmo de "palavras amigas da onça".

Com efeito, são muitas as palavras em inglês e português que se escrevem da mesma maneira, tanto na linguagem comum quanto na técnica. A pronúncia, no entanto, é totalmente outra. E o significado então, nem se fale.

Saber, conhecer e principalmente conseguir diferençar um falso amigo ou falso cognato no momento de se realizar uma tradução ou mesmo de se empregar uma dessas palavras em inglês é que rotulará o tradutor, o professor ou o aprendiz de bom ou ruim, por incrível que pareça.

Por isso, agrupamos algumas dessas palavras neste capítulo, e reproduzimos os possíveis enganos (de um modo divertido e engraçado!) que você estaria sujeito a cometer se não soubesse o significado delas. Vejamos:

ACTUALLY

Se você acha que **actually** significa **atualmente**, enganou-se, como ocorreu com alguém que traduziu o tenista sueco Bjorn Borg dizendo, em uma propaganda de uísque: "Eu **atualmente** não bebo muito...", o que nos faz pensar que ele poderia ser um beberrão em outros tempos.
Actually significa "de fato", "na verdade", "realmente".

- **I actually don't drink very much.**
- *Na verdade, eu não bebo muito.*

- **He wrote the paper but didn't actually publish it**
- *Ele escreveu o trabalho, mas não o publicou de fato*

ALMOND

Almond não é uma comida italiana, conhecida por **meatball** nos países de língua inglesa e no Brasil por *almôndegas*, ou *polpetas*, como incorporação dos imigrantes italianos que aqui vivem. **Almond,** curiosamente, é amêndoa, uma fruta de casca dura, que tem o seu interior comestível (muito bom!), de cor clara e neutra e é muito usada em decorações.

AMASS

Se você quiser amassar algum papel ou até mesmo alguém – "dar um amasso", não use essa palavra.

Amass, como verbo em inglês, tem a tradução de *acumular*, *juntar* (dinheiro ou informação), e tudo isso não tem nada a ver com "amassar", que dependendo do produto tem as seguintes traduções em inglês:

- *Amassar argila*
- **To knead**

- *Amassar frutas*
- **To mix**

- *Amassar papel, nozes ou alho*
- **To crush**

- *Amassar roupa e carro*
- **To crumple**

- *Dar um amasso*
- **To catch, cling**

APPLICATION

As palavras terminadas com o sufixo **ation** levam muitos principiantes em língua inglesa a acharem que sabem utilizá-las. Por haver palavras tais como **explanation, decompression, classification,** entre outras, os novos falantes acham que podem colocar o sufixo em palavras que só existem em português com o mesmo significado, levando o professor a crer que eles acham que o inglês é "embromation". Na verdade, **I need an application**, não quer dizer que "eu preciso de uma aplicação" (de fazer um investimento) na poupança, mas sim que *eu preciso de um formulário de inscrição, de um registro*, no qual eu possa colocar meus dados para conseguir uma bolsa de estudos, um estágio, por exemplo, entre outros.

APPRECIATION

Outro falso cognato terminado em **ation**, **Appreciation** pode significar *gratidão*, além de *apreço, estimativa, avaliação, valorização*, entre outros. Ou seja, tal termo deve ser usado com muito cuidado, respeitando o contexto em que a palavra se insere. A palavra "apreciação" é geralmente traduzida para o inglês como **valuation** ou **appraisal**.

ARGUMENT

Já imaginou se você entrar em um debate de ideias entre amigos e dizer **what's the argument?** Eles ficarão espantados, uma vez que não estão discutindo calorosamente (ou seja, brigando por meio de palavras). Para falar sobre o seu *argumento* em uma conversa amigável, você precisa usar a palavra **manifestation, case, evidence**.

ASSIST

"Quer assistir TV?" Com o verbo **to assist** não dá. Procure outro verbo. Esse, em inglês, significa *ajudar, dar assistência a quem precisa*. Para assistir TV deve-se usar o verbo **to watch**.

ATTEND

Se você pensa em atender ao telefone ou a campainha, esse verbo não serve. **Attend** é assistir. Porém, cuidado! Assistir aqui é fazer parte, participar de algo, como uma aula. **I attend a class,** ou seja, *Eu assisto uma aula*. Eu não posso assistir aula usando o verbo **to watch**, pois assim, não estaria fazendo a minha parte. Quanto ao telefone e à campainha, é preciso usar o verbo **to answer (the phone or the door bell)**.

BARK

Associar **Bark** a *Barco* é muito fácil para os falantes de português. No entanto, temos aqui duas palavras completamente distintas: **Bark,** verbo, significa *latir*, já a embarcação marítima ou fluvial traduz-se por **Boat**.

BATON

Você quer passar **Baton** na boca? Não dá. **Baton** traduzido para o português é *batuta*, aquele bastão que o regente usa para conduzir uma orquestra. Pode ser também *cacetete* de polícia. **Baton** na boca só se for performance em filme pornô. Em inglês *batom* é **lipstick**.

COLLAR

"Colar ou não colar: eis a questão". Na escola, na hora do aperto, muita gente apela para a ajudinha dos amigos. Mas **Collar** é "colar" (em uma prova?)? Não! *Colar* é o verbo **to cheat,** e aquele adereço usado em volta do pescoço é **necklace**. **Collar,** em inglês, é *gola, colarinho de camisa*.

COMPREHENSIVE

Ser compreensivo em inglês é **to be understanding**. **Comprehensive,** por outro lado, não tem nada a ver com compreensivo. Na verdade, quer dizer *abrangente, amplo*.

CONTEST

Contestar em português significa, segundo Houaiss (2001, p. 108), "recusar a validade de, questionar, contradizer". Em inglês, entretanto, **contest** significa *prova, competição*. Apesar de ser mais usado com essa concepção, o verbo **contest** pode ainda significar *contestar*, com o sentido de discutir, desafiar.

COSTUME

Você tem o costume de participar de festas à fantasia? Pois é, para entrar na festa, com certeza, você teve que fazer, alugar, ou emprestar uma fantasia. Em inglês **costume** é *fantasia*. Por outro lado, o *costume de participar* pode ser traduzido como **the habit of**.

DATA

What about the data? E a data? Impossível! **Data** em inglês é o plural de *dado* (*dados*). No entanto, não são aqueles dados usados em jogos, mas sim aqueles coletados em pesquisas, estudos etc. *Data* em inglês é **Date**. Mas atenção! É preciso ter cuidado ao utilizar essa palavra, já que pode significar também um *convite para um encontro, geralmente, amoroso* em perguntas do tipo **Do you want to go on a date?** Assim, quando for perguntar pela *data* em português, faça a pergunta, em inglês, por completo: **What's the date today?**

DECEPTION

Se você já ouviu a música do filme infantil o Rei Leão II, intitulada "**Deception, Disgrace**", pode ter achado que Simba estava decepcionado com Kovu, seu futuro genro. Errado! *Decepção* em inglês é **disappointment**. A palavra **Deception** significa *fraude*.

DEVOLVE

Devolve tudo o que é meu! Nossa! Parece até briga de namorados! Mas nessa e em outras situações similares não devemos usar o verbo **to devolve**, em inglês, já que significa, na verdade, *transferir, delegar*. *Devolver* em inglês é **to give (something) back**.

DISCUSSION

Que tal uma conversa agradável sobre o último filme visto? Isso é discussão? Sim e não. Em português, *discussão* geralmente envolve discordância, um clima de animosidade. Em inglês, discutir, dessa maneira, pode ser traduzido como **to have an argument**. **Discussion** significa apenas a *conversa, o debate amigável*.

EVENTUALLY

Esse trabalho não acaba! Você já disse isso muitas vezes, não é? No entanto, quando o trabalho chega ao fim, uma sensação de alívio toma conta da gente. Pois é! Quando isso acontece você pode dizer, em inglês, **Eventually, I've gone there**. **Eventually**, portanto, significa *por fim, finalmente*. *Eventualmente* – de vez em quando – traduz-se como **by chance**.

EXCITING

Imagine ganhar uma fortuna na Megassena e poder fazer tudo o que sonhou. Empolgado com a ideia? Pode usar a expressão **I'm excited!** ou **It's exciting**! Não se preocupe. Ninguém vai achar que você está sexualmente excitado. Algo excitante, com esse propósito, traduz-se por **hot**. **Exciting** significa *empolgado*.

FABRIC

O seu pai tem uma "fábrica de bonecas"? Então ele possui uma **doll factory**. **Fabric**, em inglês, é *tecido*.

GRIP

Você acha que **grip** é a gripe suína? Enganou-se! **Grip** é *agarrar firme*. Aquela suína traduz-se como **influenza A**.

INGENUITY

Ingenuidade? Enganou-se! **Ingenuity** não tem nada a ver com ingenuidade, traduzida para o inglês como **naiveté**. **Ingenuity** em português é *engenhosidade*.

INJURY

Apesar de injúria ser também traduzida como **injury**, o termo de origem latina não é tão comum entre os falantes do inglês, que preferem usar **harm**. A palavra **injury** é mais frequentemente usada como a tradução de *ferimento*.

LECTURE

Se você quiser fazer uma **lecture** precisa ser especialista em um assunto e desenvolvê-lo de forma didática e agradável para plateias especializadas. **Lecture** em inglês não é *Leitura* – **Reading** em inglês – mas sim *Palestra* (como uma conferência).

LEGEND

Dependendo do seu nível de inglês dá para assistir filmes em língua inglesa sem legenda, não dá? *Legenda*, em inglês, no entanto, não é **legend,** mas **subtitle**. **Legend** não tem a mínima relação com isso, ao contrário, significa *lenda*, ou seja, um tipo de narração escrita ou falada.

LIBRARY

Engano comum entre os principiantes da língua inglesa, **library** não se traduz como livraria em português. **Library** é *biblioteca*, o lugar dos livros. O local comercial em que se vendem livros é denominado **bookshop** ou **bookstore**.

MAYOR

Lembra-se da infância quando se dizia mais grande ao invés de maior? O maior, em grandeza, não é **mayor,** que em inglês é o *prefeito* (cargo político administrativo), vejam só! *Maior*, quando se quer fazer uma comparação, é **bigger than**.

MOLE

Se você pensa que aprender inglês é **mole**, nunca diga **Learning English is mole**. A palavra **mole** em inglês tem pelo menos cinco significados diferentes e nenhum deles tem relação com o adjetivo "mole" em português, em qualquer uma de suas acepções (inclusive a de alguma coisa fácil). **Mole**, entre outras coisas, pode significar *mancha, marca ou sinal na pele*, ou seja, *pinta* na linguagem comum, ou o animal que chamamos de *toupeira*, ou ainda, por extensão deste último significado, *espião* ou *delator*. A tradução de *mole*, como sendo uma coisa fácil, é **easy** ou então como sendo *macio* é **soft**. Não é *mole* não!

NOTICE

Notícia ruim chega logo. A notícia boa que agora apresentamos é que **notice** significa *notar, aperceber-se*. *Notícia* em inglês é **news** e para não errar o seu uso, lembre-se de usá-la sempre no plural.

NOTORIOUS

Você sabe o que notório? É o que pode ser notado? Não. É o que é bem conhecido. Notório, em inglês, portanto, é **well known**. **Notorious**, por outro lado, significa *reputação duvidosa, má fama*.

NOVEL

Se o novelo está duro de desenrolar, imagine a novela quando encalha e fica aquela embromação antes do final. E **novel**? O que tem a ver com isso? Nada! **Novel** é *romance*. Não é nem *novelo* – **ball of yarn**, nem *novela* – **soap opera**.

PARENTS

Parentes, quanto fazem visita, como peixe, têm prazo de validade. Se ficarem por mais de três dias, fedem. No entanto, se você usar a palavra **parent,** você manda embora a visita errada. **Parents** significa *pais* (mãe e pai). *Parentes* são **relatives**.

PARTICULAR

Geralmente, quando não se vai bem na escola é necessário contratar um professor particular. Aulas particulares, no entanto, não são **particular classes**, mas **private classes**. **Particular** é *específico*, enquanto que **private** é *particular*.

PASTA

Para escovar os dentes é necessária uma escova apropriada e uma pasta. No entanto, escovar os dentes com o termo inglês **pasta** pode ser muito engraçado. **Pasta** é *massa* (espaguete, fusili, penne, farfalle, entre outros). *Pasta de dente* é **toothpaste**

PETROL

Em escavações quando se acha petróleo, se acha o *ouro negro*. Tal produto em inglês denomina-se

53

oil ou **petroleum**. **Petrol**, por sua vez, já é o petróleo refinado, ou seja, a *gasolina*.

PREJUDICE

Se você acha que prejudicar é **to prejudice** em inglês, está enganado. **Prejudice** é *preconceito* e prejudicar é **to harm**.

PRESENTLY

Presently, I'll be there. Qual seria uma boa tradução para essa frase? Aqui está: *Em breve, estarei lá*. *Presentemente* traduz-se para o inglês como **at present**.

PRESERVATIVE

Pintou um programa? Precisa de um preservativo? Não peça **preservative,** que é *conservante*. Já pensou? Vá de **condom**, que é a nossa famosa *camisinha*.

PRETEND

Se você disser à mãe de seu noivo **I pretend to be faithful to him**, com certeza ela não vai gostar, pois na verdade, você estará dizendo que *finge* ser fiel ao filho dela. Embora a palavra em questão seja muito parecida com "pretender" em português, significa *fingir*. *Pretender* em inglês é **to intend**.

PUSH

O parzinho **push** *e* **pull** causam muita dúvida aos principiantes em língua inglesa. O que parece aqui não é. **Push** é *empurrar*, enquanto **pull** é *puxar*.

REALIZE

"Realizar" em inglês é **to achieve, to accomplish, to perform, to do**. Então, o que é **realize**? **Realize** é *perceber, notar*. **Oh... I've just realize it!**

RECLAIM

Pare de reclamar! "Reclamar" em inglês não é **reclaim**. **Reclaim** é *recuperar, reivindicar*. Reclamar é **to complaim**.

RESUME

Para *retomar* alguma leitura ou *reassumir* uma posição, em inglês você precisa usar o verbo **to resume**. *Resumir*, em inglês, é **to sum up**.

REST

Se você pensar que **rest** é *resto*, quer dizer, sobra de alguma coisa, como em **go and take some rest**, traduzindo, *vá em frente e pegue o resto*, você poderá ficar em uma situação constrangedora, porque, de fato, a frase significa *vá em frente e descanse um pouco*.

Mas atenção!

Rest também pode ser *resto*, como no ditado popular **We are the Best and fuck the rest**, ou seja, *Somos os melhores, dane-se o resto*.

Left overs são os *restos de comida*

RETIRED

Conhece alguém que foi retirado de algum lugar à força? Isso acontece geralmente com pessoas inconvenientes que se encontram em lugares públicos. Mas a palavra **retired**, que parece significar "retirado", quer dizer, na verdade, *aposentado*. Até faz sentido se pensarmos que o aposentado é "retirado" pelas circunstâncias (idade avançada, saúde precária, descanso merecido após anos de trabalho etc.) de seu posto de trabalho. No entanto, não se esqueça:

- **Retired**
- *aposentado*

- *Retirado*
- **withdraw, take off, remove**

SENSIBLE

Uma pessoa sensata (racional) pode ser sensível (emotiva)? Por que não? Mas, confundir "sensato" com "sensível" não vai dar!

Certa vez, um canadense foi consolar uma brasileira em prantos e a resposta dela foi **I can't help! I'm sensible!** Ele pode ter pensado que a mulher era louca porque estava chorando descontroladamente e ainda se achando "sensata"? Não dá, né? **Sensible** é traduzido como *sensato*(a); *sensível*, por sua vez, é **sensitive**.

SORT

Se você disser **I have sort**, não faz nenhum sentido em inglês, porque **sort** é *classificar*, *separar* (como verbo). A palavra também pode ser usada acompanhada de **of**, significando *tipo*, *espécie de* – **it's sort of blue** (É um tipo – matiz – de azul). *Sorte* em inglês é **luck** e, como em português, não é para quem quer, é para quem tem.

SUPPORT

Parece estranho dizer "Eu vou suportar você hoje" para um falante de língua inglesa que está aprendendo o português, uma vez que a pessoa que ouve vai pensar que você a detesta e só vai aguentá-la por um dia. Você não diria isso aos seus amigos, certo? No entanto, **I'll support you today**, é entendido para o mesmo falante como algo muito positivo. É equivalente a **I'll be there for you**, ou seja, *Apoiarei você no que precisar*.

Mas atenção: o verbo *suportar* em português significa também:

- *Aguentar*
- **to bear**

- *Sustentar (de segurar alguma estrutura)*
- **to sustain, to uphold**

- *Tolerar*
- **to tolerate**

VEST

Esta palavra poderia facilmente ser confundida com "veste" (roupa, em geral) quando, no entanto, significa *colete* (um tipo específico de roupa, inclusive aplicado a "colete à prova de balas"). Inapropriadamente usada, essa palavra poderia colocar uma pessoa em uma tremenda encrenca se convidada **a take off your vest** (*tire seu colete*). A palavra em inglês para *roupas* é **clothes**.

CAPÍTULO 4

ESTÁ TUDO AZUL

O colorido da linguagem

Você já se deu conta de que as cores estão presentes em todos os lugares, até mesmo na sua fala cotidiana, no seu dia a dia, sem que você note ou perceba que as está usando? É isso mesmo! *Preto, branco, vermelho, verde, amarelo, azul, marrom, rosa, cinza* são algumas das cores mais empregadas na língua portuguesa do Brasil e no inglês, além de variantes e nuanças tais como *roxo, laranja, alaranjado, rosado, avermelhado, celeste* etc. Elas servem para enfatizar algum estado de ânimo (como alegria, raiva, fome), bem como para exprimir aspectos culturalmente marcados em cada universo linguístico, como organizações e segmentos sócio-políticos e distinções de raça. Vejamos, a seguir, alguns dos aspectos mais interessantes que selecionamos dessas nove cores e a sua realização linguística.

BLACK
NEGRO; PRETO

No geral, quando se analisa essa cor, descobrimos uma incrível identidade semântica entre as culturas, pelo menos em português e inglês. Nota-se a forte tendência negativa e a associação ao preconceito, em relação às cores de saturação zero, ou melhor, nenhum grau de diluição com o branco. O preto é associado à escuridão, à maldade e à incerteza, enquanto o branco é associado à presença da luz, à transparência, à bondade e à pureza. Branco e preto são considerados antônimos, assim como limpo e sujo. Em português e em inglês, **preto** ou **negro** refere-se tanto à ausência de luz quanto aos indivíduos de pele negra. Os brasileiros, de maneira geral, tendem a usar indistintamente **preto** e **negro** em todos os contextos. O termo **negro** pode apresentar uma conotação negativa, melancólica, sinistra, e também aludir ao luto. Em inglês, o equivalente **black** também pode trazer a noção de clandestinidade: **black market/ mercado negro, ilegal**. Mais recentemente, na cultura americana, o **preto** também passou a significar sofisticação, formalidade e poder. Vejamos alguns exemplos:

Black hunger
Ter fome de leão

> Sabe quando você tem tanta fome que sua barriga começa a roncar e você passa aperto tentando disfarçar? Então, você diz que está com uma *fome de leão* e não com uma *fome negra* que seria a tradução literal do inglês **black hunger**.

As black as one is painted, or (not) as black as one is painted
Ser tão mau quanto dizem, ou (não) ser tão mau quanto dizem

Como no exemplo "**She's not as black as she was painted; in fact, she's really nice**" – *"Ela não é tão ruim quanto dizem; na verdade, ela é muito legal.* Esta expressão pode ser usada tanto na afirmativa quanto na negativa, ou seja, pode-se dizer que uma pessoa é tão ruim quanto dizem, que ela é o cão.

Black as a skillet
Ser/estar escuro como breu

Usada para descrever ambientes, coisas ou até mesmo pessoas quando não se consegue enxergar nada, como, por exemplo, **I don't want to go to the basement, because it's black as a skillet there** *(Eu não quero ir ao porão, pois é escuro como breu)*. Quando a expressão se refere a pessoas, é carregada de conotação segregacionista.

Black mark besides one's name
Ter nome sujo

Sabe aquele cara que, de tanto dar cano nos outros, perdeu toda a credibilidade? Aquele para quem você nunca emprestaria dinheiro ou sequer confiaria algo? Quando uma coisa negativa está associada ao nome de alguém, seja no mercado financeiro, seja no dia a dia, dizemos que seu *nome está sujo*. A expressão em inglês quer dizer: "marca negra ao lado do nome de uma pessoa".

Black eye
Sofrer danos morais

Apesar de **black eye** significar no sentido literal *olho preto*, em inglês é uma expressão que significa *olho roxo,* resultante de um soco ou pancada infringida por alguém. É também utilizada para descrever o prejuízo causado ao caráter de uma pessoa como, por exemplo, em **got a black eye because of something he or she did** (*teve seu caráter denegrido por causa de alguma coisa que fez*). Essa expressão pode ser utilizada com os verbos, **get**, **have**, ou **give**.

Black sheep of the family
Ser a ovelha negra da família

Diz-se que em todos os lares há alguém que não se encaixa e é considerado o elemento que dá trabalho, por não se comportar conforme os demais ou conforme as regras sociais. Esta expressão é usada para descrever o pior membro da família, como no exemplo, **What do you expect from the Black sheep of the family?** *O que você espera da ovelha negra da família?*

Black-and-blue
Estar machucado

Composta por duas cores, essa expressão é usada para descrever alguém que está ferido tanto fisicamente (**black**) quanto emocionalmente (**blue**), por exemplo, em **He was beaten black-and-blue** (*Bateram nele até ficar com manchas roxas*).

Black and white
Simples

Se você pensa que fatos ou situações são **black and white**, pode-se dizer que é uma pessoa simples, ou seja, que tem uma visão simples das coisas, mesmo que se elas sejam mais complexas.

In black and white
Preto no branco

Essa expressão – (tinta) **preta** (em papel) **branco** – simboliza um compromisso escrito sob forma de contrato, por exemplo, em **Let's have it in black and white that I'll have thirty days of vacations this year** (*Vamos colocar no papel que eu vou ter trinta dias de férias este ano*).

Be in the black
Estar no azul

Se sua conta bancária **is in the black**, que literalmente quer dizer "está no preto" significa que há dinheiro nela e você pode ir às compras! Se uma pessoa ou um empreendimento **is in the black,** eles não estão devedores, possuem ainda algum dinheiro. Essa expressão tem conotação positiva em inglês.

Black is beautiful
Preto é lindo!

Usada pelo negro norte-americano na época da luta contra a segregação nos Estados Unidos, a expressão não é apenas positiva, mas representa todo um movimento pela inserção do negro na sociedade, iniciado pelos *Panteras Negras*, um partido afro-americano revolucionário estadunidense, criado para patrulhar os guetos negros e proteger os residentes de atos de brutalidade da polícia, que atuou nos anos 60, 70 e 80, tendo em sua ala mais radical pessoas a favor da luta armada.

WHITE
BRANCO

O **branco** é a cor que reflete todas as luzes do espectro. Está repleto de referências positivas ou neutras, em inglês e português. Pode sugerir "bondade" em *magia branca* **(white Magic)**; "paz" em *bandeira branca* **(white flag)**. Usa-se também o branco em termos raciais: *raça branca* **(white race)** e para sugerir aparência doentia ou palidez por medo ou susto, como em *branco como cera* **(as white as a sheet** -*folha*/**white as a ghost**-*fantasma*/**white as snow**-*neve*).

Zavaglia, C. (1998, p. 913) afirma que o cromônimo *branco* também pode ser usado como coloração clara em contraposição a uma escura, por exemplo, **white wine** *(vinho branco)*, **white Bread** *(pão branco)*, **white meat** *(carne branca)*. Nesse sentido, Ferreira (2004) também afirma que o *branco* é usado para definir coisas que, não sendo brancas, têm uma cor mais clara que as outras da mesma espécie.

Bleed someone white
Depenar alguém

Em inglês quer dizer: "sangrar alguém até a palidez total". Entretanto, é empregada quando alguém o depenou no jogo, ou seja, essa pessoa tirou até o seu último centavo, deixando que você ficasse totalmente "quebrado." Também pode ser usada quando alguém pratica extorsão em relação à outra pessoa, como na frase: **Due to all those photos, she was able to bleed him white.** *Por causa de todas aquelas fotos, ela pôde tirar todo o dinheiro dele.*

Little white lie
Mentirinha

Face à sua frequência, existe certa tendência para banalizar ou até catalogar a mentira como positiva – a *mentira branca* é considerada como uma forma de facilitar a integração de um indivíduo na sociedade. Quando alguém conta uma **little white lie,** conta uma *mentirinha* que supostamente não causa mal algum, ao contrário, pode evitar maiores problemas.

White cane
Bengala branca

White cane é o bastão de madeira utilizado para mostrar o caminho aos cegos, sendo também o símbolo usado para se referir às pessoas que são deficientes visuais.

White-collar
Colarinho branco

Refere-se a funcionários administrativos ou aqueles de cargo elevado, provavelmente pelo uso que fazem do terno e da gravata. Daí surge outra expressão: **white-collar crime**, ou seja, *crime do colarinho branco,* que são delitos cometidos por esses trabalhadores, geralmente envolvendo roubo na empresa ou escritório nos quais trabalham.

White elephant
Elefante branco

Quando nos referimos a algo grande e difícil de lidar por causa do tamanho, peso, ou forma e que também é irritante ou de manutenção cara, dizemos que este objeto é um *elefante branco*. O mesmo se verifica para a língua inglesa com **white elephant.**

A white Knight
Cavaleiro branco

Expressão empregada para descrever alguém que dá dinheiro a uma empresa para evitar que ela seja comprada por outra, representando a "salvação" dela. *Cavaleiro branco* é uma tradução do inglês que aos poucos parece se fixar no português. Existe também a *Síndrome do Cavaleiro branco*, ou seja, um distúrbio que acomete as pessoas que se sentem, a todo momento, atraídas por pessoas necessitadas; vivem tentando dar conselhos, mesmo quando não lhes são pedidos. Parecem querem salvar os outros de si mesmos. Por fim, acabam se envolvendo demais nos problemas alheios. Em tempo: o termo se refere ao *Cavaleiro Branco* que salva a princesa em perigo para que os dois tenham uma vida feliz para sempre.

White knuckle (something)
Sobreviver, resistir

Se você conseguir sobreviver a uma situação ameaçadora através de resistência e esforço muito grande, como por exemplo, sobreviver a uma queda de avião, sendo encontrado (a) dias depois, dizemos que você **white knuckle** esta situação.

White trash
Lixo branco

Traduzido para o português de *lixo branco*, é um termo depreciativo originário dos Estados Unidos, concernente a pessoas brancas de baixo estatuto social, poucas perspectivas de vida e formação. Empregar esse termo a uma pessoa branca é chamá-la de econômica e culturalmente vazia. O termo *lixo branco* surgiu na área de Baltimore e Washington nos anos 20 do século XIX no cenário do boom de reconstrução do pós-guerra revolucionária, quando muita gente pobre imigrou para a zona e brancos e negros pouco qualificados competiam pelos mesmos empregos, bens, e até parceiros de casamento. As origens do termo podem provir de um passado de marginalização racial, mas o uso atual do termo coloca ênfase na palavra *lixo* ou na classificação de certas categorias de brancos como socialmente imprestáveis.

White weapon
Arma branca
Objeto cortante ou perfurante utilizado em agressões e nas lutas corpo a corpo com a finalidade de produzir ferimentos em alguém.

RED
VERMELHO

O *vermelho* representa nas duas línguas o colorido da face de uma pessoa quando tomada por emoções como a vergonha, a raiva, o pudor, cujos sentimentos são assimilados à cor da pele do indivíduo por causa do afluxo do sangue. Além disso, essa cor possui uma conotação negativa quando relacionada a saldos bancários devedores ou como um alerta para situações de perigo.

Em inglês, a cor *vermelha*, ou seja, o **red,** possui uma forte conotação de proibição ligada à prostituição e à pornografia, o que existia também na língua portuguesa, mas que aos poucos se perdeu totalmente. A expressão **the red light district** *(zona da luz vermelha)*, por exemplo, que significa "área de prostituição de uma cidade", era empregada efetivamente em português e atualmente é resgatada em telenovelas ou filmes de época, geralmente.

Be in the red
Estar no vermelho

Se você **está no vermelho**, é melhor economizar, pois está devendo ao banco. Contadores frequentemente anotavam o dinheiro que era devido ao banco com tinta vermelha, daí a expressão.

Be like a red rag to a bull
Deixar alguém muito bravo!

Se você é daquelas pessoas que é capaz de deixar alguém muito bravo, irritado, você pode ser comparada ao efeito que o pano vermelho teria sobre o touro. Sabe-se que isso é crença, não fato. No entanto, na cultura popular, o pano vermelho deixa o touro muito bravo. Literalmente, você seria "como um pano vermelho para um touro", ou seja, provocaria a ira em alguém.

Catch red-handed
Pegar no flagra

Quando você é surpreendido com *a boca na botija*, ou seja, fazendo alguma coisa errada ou ilegal, por exemplo, em inglês se diz:
I caught him red-handed trying to break into my car, ou seja, *Peguei o indivíduo no flagra tentando arrombar meu carro*.

Cut through red tape
Evitar burocracia

Essa expressão significa eliminar ou neutralizar coisas complicadas, tais como regras e procedimentos burocráticos, e não "cortar através da fita vermelha", como no sentido literal.

Down the little red lane
Enfiar goela abaixo

Você se lembra de quando era criança e tinha que tomar remédio e não queria? E então sua mãe empurrava o remédio pela garganta abaixo? Essa expressão significa exatamente isso – *enfiar goela abaixo* – em português é usada também metaforicamente. No sentido literal, "descer a pequena via vermelha".

Give a red face
Fazer passar carão/fazer pagar mico

Emprega-se essa expressão quando alguém deixa uma pessoa visivelmente constrangida, por exemplo, se alguém está escutando um conversa atrás de uma porta e é pego no flagra! Vai pagar o maior mico, com certeza!

Paint the town red
Cair na gandaia

Quando você sai com intenção de se divertir na noite – frequentemente bebendo muito (bebidas alcoólicas) e, consequentemente, fazendo coisas que normalmente não faria, por exemplo, dançar –, dizemos que você saiu *para cair na gandaia, ou pintar o sete,* e não para "pintar a cidade de vermelho", como significa a expressão inglesa de forma literal.

Red-carpet treatment
Tratamento VIP

Receber "tratamento de tapete vermelho" (**red-carpet treatment**), na verdade significa receber *tratamento VIP,* ou seja, ser tratado como se fosse pertencente à realeza, recebendo um tratamento especial, diferenciado.

A red eye
Pegar um voo noturno

Se você, para economizar, pega o voo que sai tarde da noite do seu ponto de partida e chega ao seu destino bem cedo pela manhã, como, por exemplo, em "**Jack caught the red eye to New York**" *(Jack pegou o voo noturno para Nova York)*, você geralmente chega ao destino com os "olhos vermelhos" **(red eyes)**.

A red herring
Uma pista falsa

Expressão empregada quando você dá uma informação errada ou sugere algo com a finalidade de desviar a atenção dos fatos reais que está querendo esconder. Em inglês, **a red herring** é um tipo de peixe defumado de cheiro forte que costumava ser colocado nas trilhas de cães de caça, com a finalidade de despistá-los.

GREEN
VERDE

Os universos culturais das línguas inglesa e portuguesa registram de um modo similar algumas características do *verde* como cor física: a natureza, predominantemente no seu período vegetativo, com as diversas variações de tonalidade que as folhas das árvores, os frutos, as plantas, em geral, podem oferecer, bem como o conjunto de jardins, parques ou qualquer território rico em vegetação existente em um centro urbano. E ainda, na simbologia da esperança e do repouso, do relax; a ideia de frescor, da fruta que ainda não está madura ou da madeira que não está seca, bem como da planta que há pouco foi cortada e que ainda tem a seiva e, consequentemente, os conceitos de juventude e robustez. Nos sinais de trânsito, indica permissão, passagem livre e, por extensão, legalidade como em **give somebody/something the green light**/*dar o sinal verde a uma pessoa* em uma determinada situação. As duas línguas registram, ainda, de modo análogo as preocupações ecológicas e ambientais, como podem ser vistas no **Greenpeace** (literalmente, "Paz verde").

Greenpeace, apesar de não ser um partido político, atua ativamente nos assuntos de mudanças climáticas; proteção e defesa de florestas tropicais; combate à poluição e às ameaças nucleares, à engenharia genética; proteção dos oceanos etc.

A maioria dos interesses agrícolas e florestais (flora) é defendida em inglês pela cor *verde*, como podemos ver nos exemplos que citaremos abaixo. Essas expressões necessitam de uma explicação em português, uma vez que, geralmente, não têm um equivalente do mesmo tipo.

A cor *verde* está presente na bandeira brasileira simbolizando a riqueza natural, a flora do país. De fato, a Amazônia, uma das maiores riquezas de vegetação do mundo, é chamada, em português, de *inferno verde*. Além disso, o *verde* é uma das cores nacionais do Brasil e, deste fato, temos *verde-e-amarelo* ou *verde-amarelo* representando a nacionalidade do Brasil.

O *verde*, tanto em inglês quanto em português, indica um colorido no semblante de uma pessoa em relação a um estado particular de excitação emotiva: inveja e ciúme. Explicaremos as expressões também abaixo.

Para a língua inglesa, expressões com o *verde* adquirem um tom tanto negativo quanto positivo. Em português, podemos ter construções gramaticais com a cor *verde* que indiquem intensidade, ansiedade, saudade: *"Eu não disse? Nem bem voltou para casa e já está verde de saudades de mim"*. Já em inglês, isso não se aplica.

71

To be green about the gills/be green around the gills
Parecer doente, nauseado

Essa expressão indica que a pessoa está com cara de quem vai vomitar, aparência de quem está nauseado. Se alguém sai para beber e no dia seguinte chega com cara de enjoado, doente, dizemos que está **green about the gills** ("verde em torno das guelras").

To be green with envy
Ficar verde de inveja

Sabe aquele computador supermoderno que seu amigo comprou? Se você quer muito ter um igual e fica morrendo de inveja, pode-se dizer que você está **green with envy**.

Green as grass
Ficar totalmente verde

Quando a aparência de alguém está **green as grass** ("verde como grama"), com certeza ela está passando mal, com náuseas ou enjoo.

Greener pastures
Subir na vida

Você está procurando um emprego melhor? Ou um lugar melhor para morar? Quando queremos melhorar qualquer aspecto de nossa vida, dizemos que estamos querendo *subir na vida,* e não que estamos "procurando pastagens mais verdes".

Green stuff
Ter grana

Usa-se essa expressão quando nos referimos ao dinheiro em notas, uma vez que as notas do dólar são verdes. Em português, nos referimos ao dólar como *as verdinhas*.

Have green fingers/have a green thumb
Ter o dedo verde

Você tem *dedos verdes* quando tudo o que você planta nasce e tudo o que você cultiva fica bonito e saudável. Na Grã-Bretanha e na Austrália usa-se **green fingers** *(dedos verdes)*, porém nos Estados Unidos, diz-se **green thumb** *(polegar verde)*. Em português, usa-se também *ter mão verde*.

The rub of the green
Ter sorte

Se alguém possui **the rub of the green** ("o toque do verde"), ele ou ela é uma pessoa sortuda, especialmente no que se refere a competições. Esta é uma expressão empregada principalmente na Grã-Bretanha.

Sure as God made little green apples
Ter certeza absoluta!

Se você tem certeza absoluta de alguma coisa, pode até apostar porque sabe que vai ganhar, pode usar essa expressão de origem rural, que no sentido literal significa "Certo como Deus fez maçãzinhas verdes".

BLUE
AZUL

Entre o inglês e o português não há uma identificação cultural cromática entre os dois universos na identificação da cor física. *Azul* em português é mais positivo que negativo, enquanto que em inglês ocorre o inverso.

A língua inglesa conota o frio, ou seja, a coloração que adquire a pele com temperaturas baixas, com a cor azul. Já a língua portuguesa, se utiliza, comumente, da nuança *roxo*: *Tem os lábios roxos/arroxeados de frio;* "*Enquanto isso, Zagallo, de gorrinho, cachecol, narigão roxo, rouco, olhos fixos, esperava a sorte com pinta de 'homeless' nova-iorquino*".[3] Isso não impede, porém, que os usuários do português se utilizem também do azul para descrever o mesmo efeito: "*E o frio tá deixando o Zagallo um frango congelado. Roxo, roxo, azulado, azuladinho. Até que gritaram 'Quando terminar o jogo devolve pro IML.*".[4]

A língua portuguesa associa ainda *azul* com o estado de embriaguez que uma pessoa pode adquirir. De fato, Ferreira (2004) registra *azul*, como sendo o embriagado. É interessante notar que a cachaça, apesar de tradicionalmente chamada de **branquinha**, é também denominada *azuladinha* ou *azulzinha*. Traços positivos na semântica de *azul* em português também são encontrados em inglês. Em português está presente em: *está tudo azul*, em que se exprime que está tudo muito bem, sem problemas. Em inglês, o azul está mais relacionado com lealdade, como no caso de alguém ser chamado de **true blue**, o que significa que a pessoa é de confiança.

---

3 *Folha de S.Paulo* – 19 jul. 1995.
4 *Folha de S.Paulo* – 19 jul. 1995.

Em inglês, **blue-jeans** significa "calças compridas de tecido grosso azul" ou mais comumente usado *calças jeans*,[5] em que **blue** representa a coloração azul das calças. Na expressão **blue movie**, o **blue** tem o sentido de indecência e obscenidade e significa *filme pornográfico*. Vejamos ainda:

Between the devil and the deep blue sea
Se correr o bicho pega, se ficar o bicho come!

Essa expressão, que literalmente significa "entre o diabo e o mar azul profundo", indica uma escolha difícil entre duas situações desagradáveis. Para a maioria das pessoas, seria como escolher entre ir ao dentista (nada divertido) ou ficar com o dente doendo.

A bolt from the blue/a bolt out of the blue
Uma surpresa repentina

"Um raio vindo de um céu azul", na realidade essa expressão significa uma ocorrência inesperada de algo que, portanto, causa muita surpresa.

Blue blood
Ter sangue azul

Diz-se que uma pessoa tem *sangue azul* quando ela descende de uma família nobre, aristocrática e próspera. Também podemos nos referir a alguém que descende de uma família da mais alta classe social.

---

5   Em português, usa-se normalmente "jeans" para a designação das calças compridas.

Blue collar
Trabalhador braçal

Ao contrário do *colarinho branco* – **white collar**, o **blue collar** ("colarinho azul"), em referência a seus uniformes azuis, realiza trabalhos braçais e são os trabalhadores assalariados.

A blue-eyed boy
O queridinho

A blue-eyed boy – ("um garoto de olhos azuis") – expressão britânica e australiana, ou **a fair-haired boy** – ("um garoto de cabelo claro") – expressão americana e australiana, são expressões usadas para se referir àqueles homens que são *os queridinhos* do chefe no escritório, ou mesmo os preferidos por qualquer tipo de autoridade em seus respectivos empregos.

Blue in the face
Falar até perder o fôlego

Sabe quando você fala até a exaustão, com outra pessoa que provavelmente não vai ouvi-lo e você fica até roxo de tanto falar? "O aluno pode discutir até ficar **blue in the face** (*exausto*) que não vai convencer o professor a aumentar sua nota".

Burn with a low blue fire
Estar quieto e bravo

No sentido literal, esta expressão descreve o fogo azul que aparece quando acendemos o fogão. No sentido figurado, descreve uma pessoa que está quieta e muito, mas muito brava! (como se estivesse "ruminando" a raiva), ou também uma pessoa bêbada, pois a expressão se refere à irritabilidade causada pelo álcool.

Feel blue
Estar triste

O azul aqui significa tristeza. Este significado vem do gênero musical **Blues**, constituído por músicas com letras melancólicas, nas quais os cantores (afro-americanos, em sua maioria) lamentavam seus infortúnios pessoais num mundo em que a realidade era dura, como a perda de um amor, a crueldade da polícia, a opressão dos brancos etc.

Once in a blue moon
Acontecer uma vez na vida, uma vez na morte

Esta expressão, que significa literalmente "uma vez em cada lua azul" é devida provavelmente ao fato da ocorrência rara do aparecimento da lua azul, que se dá em razão de grande quantidade de poeira na atmosfera, como em uma erupção vulcânica, por exemplo.

Screwed, blued and tattooed
Ficar drogado, ou fazer um mau negócio

Quando alguém quer se drogar e ficar "alto", diz-se que quer ficar **screwed, blued and tattooed** ("ferrado, machucado e tatuado"). Essa expressão também se refere a alguém que foi sacaneado por outros, provavelmente em relação a negócios.

True-blue
Ser de confiança

Se você é uma pessoa totalmente confiável, que jamais deixaria alguém na mão, pode-se dizer que você é **true-blue** ("azul verdadeiro"). É usada nos Estados Unidos e na Austrália. É também o nome de uma música da Madonna.

YELLOW
AMARELO

A cor amarela, presente na bandeira do Brasil, é uma cor nacional. Mostra a riqueza natural do país em minérios como o ouro, por meio de sintagmas, tais como o *verde-amarelo* representando a nacionalidade brasileira. No inglês, no entanto, o amarelo não é tão popular.

O português registra locuções regionais interessantes com a cor amarela como: *ver-se nas amarelas*, isto é, encontrar-se em perigo, em dificuldade, sendo que o nome de cor deve estar no plural para que se obtenha essa semântica. Em inglês, o amarelo colocado em conjunto com o preto significa sinal de alerta, pois pode haver perigo. Placas de trânsito utilizam amarelo como alerta. A expressão *estar amarelo de* (em português) traz a conotação de "estar cansado de fazer algo", dada à alta frequência com que os fatos se repetem. Como em português, o amarelo está ligado à falta de coragem: *amarelar*, em português e **have a yellow belly** ("ter a barriga amarela") em inglês.

A identidade cromática ocorre principalmente na caracterização da cor amarela como cor física: na cor da gema do ovo, na luz amarela dos semáforos em sinal de advertência, perigo; na identificação de povos de pele amarelada; nas cores da natureza e também como cor que indica falta de vida, de coloração do período vegetativo.

Have a yellow belly/have a yellow streak down one's back
Amarelar

> Em oposição à cor vermelha, que em inglês tem o significado de coragem, o amarelo está ligado à palavra covarde, medroso. Esta expressão é usada para os "medrosos" – **chicken** em inglês, que se borram de medo de qualquer coisa.

Yellow cab
Táxi

Você sabia que os táxis nos Estados Unidos são todos amarelos? São conhecidos por **yellow cabs** e têm essa cor para que possam ser vistos por todos, chamando bastante a atenção.

Yellow journalism/yellow press
Imprensa marrom

A *imprensa marrom* significa o jornalismo sensacionalista que distorce, exagera e explora as notícias ao máximo para aumentar os lucros. É interessante saber a história do surgimento desse termo em português. Ela foi inspirada na expressão americana **yellow press** (ou seja, "imprensa amarela"), que surgiu no final do século XIX a partir da concorrência entre os jornais *New York World* e *The New York Journal*. Eles haviam entrado em guerra para ter em suas páginas as aventuras de **Yellow Kid**, a primeira tira em quadrinhos da história. A disputa nos bastidores foi tão pesada que o amarelo do cobiçado personagem acabou virando sinônimo de publicações sem escrúpulos. Em língua portuguesa, a expressão teve sua cor alterada no Brasil em 1959, quando a redação do jornal carioca *Diário da Noite* recebeu a informação de que uma revista chamada *Escândalo* extorquia dinheiro de pessoas fotografadas em situações comprometedoras. O jornalista Alberto Dines, hoje editor do programa de TV *Observatório da Imprensa*, preparava, para a manchete do dia seguinte, algo como "Imprensa amarela leva cineasta ao suicídio". O chefe de reportagem do Diário, Calazans Fernandes, achou o amarelo uma cor amena demais para o caráter trágico da notícia e sugeriu trocá-la por marrom. "Assim, a expressão 'imprensa marrom' originou-se numa denúncia contra a própria imprensa marrom", afirma Dines. Além de criar o novo termo, a manchete do *Diário da Noite* contribuiu para o fim da criminosa revista *Escândalo*, fechada logo em seguida.[6]

---

[6] Disponível em: <http://mundoestranho.abril.com.br/cultura/pergunta_286177.shtml>. Acesso em 20 fev. 2010.

CAPÍTULO 5

TÁ LIGADO?

A gíria dos jovens

Os jovens, por natureza, inovam, renovam, rebelam-se, são criativos e simpáticos. Na sua linguagem, não poderia ser diferente! Vira e mexe, quando conversamos com eles, temos de perguntar: "o que você disse?" ou então "o que significa isso?" para certas palavras ou frases empregadas que nos são incompreensíveis. É a língua em perfeita mutação e evolução, como os jovens também são e estão.

Quem não acompanha as novidades do mundo jovem não é capaz de acompanhar a sua linguagem, como em: "Vi lá no teu *fotoblog* um monte de *posts* de meninos encantados por você. *Rola* muita história nascida ali?" ou "Nunca nasceu nem um *rolo* do *flog*? – Não, não... o pessoal da minha cidade tá começando com *'fotologuismo'* agora".[7] Para entender, se você não estiver por dentro da atração dos blogs na internet, dançou!

Na língua inglesa, encontramos as mesmas características nas expressões utilizadas pelos jovens, que causam grandes dificuldades de comunicação para os menos preparados. Por exemplo:

---

7 *Capricho*, edição no 938, 18 abr. 2004, p. 8.

A bang up job
Um trabalho fodido

Um trabalho que superou todas as expectativas de longe.

Arsehole/asshole
Cuzão

Alguém que se comporta de maneira ofensiva, pomposa (arrogante) é chamado de **asshole**. **Arsehole** seria a versão britânica, menos politicamente incorreta. No Brasil, *cuzão* é um cara arrogante e que sacaneia os outros, para a maioria dos adolescentes, mas também tem o sentido de um cara tonto, covarde. No entanto, **asshole** significa *cuzão* no sentido de arrogante e não no sentido de tonto.

As if
Até parece!

Expressão que tem conotação jocosa, indicando que a possibilidade da qual estão falando é improvável ou impossível.

B.A.
Ser o fodão

Acrônimo para **bad ass** ("bunda malvada") que significa uma pessoa muito boa em alguma coisa, que tem a habilidade de realizar algo com excelência. Também usada quando nos referimos a alguém durão ou rebelde.

Bite me
Vá para o inferno

Literalmente "me morda", essa gíria significa *vá embora, me deixe em paz, suma daqui*. Embora não seja considerada vulgar, essa expressão não se encaixa em situações menos informais.

Break a leg!
Boa sorte!

A expressão que literalmente significa "quebre a perna", na realidade é usada para se desejar boa sorte a alguém. Expressão muito usada pelos artistas (bailarino(a)s, atores e atrizes, entre outros) antes de entrarem em cena.

Break wind/bake brownies
Peidar

Quando alguém libera gases pelo ânus, dizemos que está **breaking wind** ("quebrando o vento") ou então **baking brownies** ("assando brownies" – um tipo de bolo de chocolate feito nos Estados Unidos).

Party crasher
Penetra

Esta gíria se refere à pessoa que vai de *penetra* em festas, ou seja, que vai em festas sem ser convidado.

Butter-face
"Raimunda" – feia de cara e boa de bunda

Emprega-se esta expressão para se referir às mulheres que têm um corpo muito bonito (**she's hot**), mas são feias de rosto. Ao ser dita rapidamente **(but her face)** a gíria soa como **butter-face** ("cara de manteiga").

Comparing nuts
Trocando ideias

Neste caso, **nuts** se refere a louco, doido, e não a castanhas. Quando alguém usa essa expressão, coloca-se, assim como a pessoa com quem está falando, como doida, portanto, duas doidas trocando ideias.

83

Vejamos agora algumas gírias que significam pessoas pouco inteligentes:

404
Uma "anta", Um idiota.

40 watt club
Clube de 40 watts

Uma lâmpada de 40 watts não é muito "brilhante", assim como algumas pessoas. Esse clube hipotético é para pessoas não muito brilhantes, ou pouco inteligentes.

Airhead
Cabeça de vento

Uma pessoa que não tem nada na cabeça, apenas ar.

Bimbo
Uma mulher pouco inteligente

Box of rocks
Caixa de pedras

Diz-se da pessoa que é burra como uma caixa de pedras.

Buffoon
Idiota, retardado

Cheese nug
Uma pessoa que age com estupidez

Moron, Dim-wit, Dipshit
Pessoas com dificuldade de entendimento

Crunk/Crunked up
Louco, Insano

Esta gíria tem infinitas aplicações e significados. Dizemos que uma situação é extremamente divertida usando essa palavra, assim como também podemos nos referir a alguém louco (**crazy**) e bêbado (**drunk**). Usamos também para descrever uma coisa ou pessoa superlegal, descolada.

Douche bag
Arrogante

Este é um termo pejorativo, geralmente usado para descrever homens. Também significa um indivíduo excessivamente obcecado consigo próprio.

Damn straight/Damn skippy
Ótimo!

Esta é uma frase que indica aprovação, interesse ou apoio.

Duh
Dã

Uma sarcástica resposta a alguma afirmação muito óbvia feita por uma pessoa.

Freakshow
Aberração

Uma pessoa que apresenta comportamento diferente do normal, excêntrico. Tem conotação pejorativa.

Friends with benefits
Amizade colorida

Amigos que mantém relacionamento sexual sem compromisso.

Freerider
Folgado

Alguém que "encosta" nos outros, geralmente em um grupo ou outra pessoa e não faz sua parte no trabalho a ser realizado.

Funky
Interessante, Estranho

Embora signifique *estranho, esquisito*, também está relacionado com algo *interessante* e, de certa forma, que provoque elogios, por exemplo, pode-se dizer que ela está usando uma camiseta **funky** (diferente, mas interessante).

Ghetto booty
Bundudo(a)

Diz-se que uma pessoa tem um **ghetto booty** quando ela tem um traseiro excessivamente grande.

Give (one) the slip
Escapar

Esta frase é empregada para se referir a uma situação na qual se escapa de alguém, por exemplo, pode-se dizer que **we gave the cops the slip** (*nós escapamos dos policiais*).

Glitch
Defeito

Empregada principalmente para se referir a defeito ou mau funcionamento de máquinas, aparelhos eletrônicos, computadores, ou mesmo planos elaborados por alguém.

Glory hole
Buraco usado para fazer sexo

Tal gíria não tem equivalência em português. Literalmente significa "buraco glorioso". Trata-se de um buraco que vai

de um lado de uma parede até o outro (geralmente em
banheiros públicos), possibilitando atos sexuais anônimos.

Go back to the drawing board
Recomeçar

Esta gíria é utilizada quando alguém tem que
recomeçar uma tarefa ou alguma coisa que estava
fazendo do ponto de partida, recomeçar do zero.

Go postal
Surtar

Esta gíria originou-se quando os funcionários dos correios
dos Estados Unidos sofreram grande estresse e tiveram
casos de violência contra seus colegas de trabalho,
usando armas de fogo. Por extensão, adquiriu o sentido
de ficar maluco, mas ainda tem conotação violenta.

Good sport
Espírito esportivo

Diz-se que alguém é um **good sport** quando a
pessoa leva uma situação ruim numa boa.

Goner
Morto, pé na cova (estar com o)

Um **goner** é a pessoa que, embora esteja viva, tem
pouco tempo de vida; está mais prá lá do que prá cá.

He's a night owl
Ele é da noite!

Expressão usada para descrever pessoas que dormem tarde,
ficando acordadas grande parte da noite, como corujas
(owl). Em contrapartida, temos os indivíduos chamados **early
birds**, que são os que acordam cedo, os *madrugadores*.

Hold (one's) horses
Acalme-se, aguente aí
>Quando alguém está com pressa, afobado, diz-se que precisa **hold your horses** (literalmente, "segure seus cavalos"), ou seja, acalmar-se e esperar.

Homeboy/Homie/Homes/Holmes
Chegado, truta
>O termo, típico da linguagem da cultura **hip hop**, refere-se a qualquer amigo íntimo, especialmente alguém que mora na mesma vizinhança.

Hunk
Pedaço de mau caminho
>Empregada quando você se refere a um homem muito gostoso, bonito.

In
Na moda
>Diz-se que uma roupa ou coisa está **in** quando está *em alta* no momento, *é legal*, na moda.

Mama's boy
Filhinho da mamãe
>É o garotinho da mamãe, aquele que vive colado nela. Em inglês, tem-se o equivalente para a *filhinha do papai*, **daddy's girl**.

Lead on
Dar falsas esperanças
>Se o namorado ou a namorada dá a entender que quer casar, mas nem pensa nisso, ou se um executivo, durante uma negociação, leva o outro a pensar que

o negócio está praticamente fechado, quando na realidade não tem a menor intenção de fazê-lo, essas pessoas estão somente **leading on** as outras.

Long time, no see
Há quanto tempo!

Expressão que significa *faz muito tempo que não nos vemos*; em inglês: **it's been a long time since we've seen each other**.

Low life
Pessoa má

Expressão empregada para descrever um criminoso ou uma pessoa de má índole, literalmente significa "vida baixa".

Make a delivery
Passar um fax

No sentido literal, "fazer uma entrega", esta gíria faz parte de uma infinidade de expressões que significam *defecar*, como **number 2** *(número 2)*, **blow mud** *(lançar barro)*, **build a log cabin** *(construir uma cabana de madeira)*, **crank an Eight Ball, crap** *(cagar),* entre muitas outras.

My free pass
Meu gostosão

"**Among all the actors, my 'free pass' is definitely Antonio Banderas**" (entre todos os atores, o meu gostosão é definitivamente Antonio Bandeiras).

Off the record
Cá entre nós

Algo dito a alguém que não pode ser repetido, ou que não se pode citar a fonte, no caso de jornalismo.

On the fence
Em cima do muro

Alguém que está **on the fence** não se decidiu sobre alguma questão, não se posiciona a favor ou contra, ficando, portanto, *em cima do muro*.

Player/Dog
Galinha, Garoto piranha

Empregada para um garoto que "fica" com muitas meninas diferentes. A palavra **player**, em inglês, significa *jogador* e **dog**, *cachorro*.

Pig
Policial.

Gíria para se referir a policiais. **Pig**, significa *porco*.

Props
Elogios

Usada com o verbo *dar* (**to give**), **give props** a alguém significa *elogiar, encher a bola da pessoa*.

No way!
Duvido!

Gíria usada quando se questiona uma afirmação, geralmente relativa a um feito de alguém. Também se pode usar **no way, Jose**. A pessoa que está sendo colocada sob suspeita de estar mentindo pode responder – **way**, confirmando o que havia dito. No sentido literal significa *de modo algum, de jeito nenhum*.

Six-pack and pecs
Barriga de tanquinho e peitorais

Snap/Freak out
Ficar louco

Diz-se de alguém que tem uma reação irracional e muito intensa a alguma coisa, enfurecendo-se.

Stand (someone) up
Dar o cano em alguém

Quando alguém não comparece a um encontro marcado e não avisa, deixando o outro esperando como tonto, diz-se que ela **stood the person up**.

This car smells like B.O.
Este carro cheira "cê-cê"

B.O. seria a abreviação de **body odor**, ou seja, "cheiro do corpo", especialmente da região sob os braços conhecida popularmente como "sovaco".

Tool
Fracassado, Chato

Esta gíria é utilizada quando nos referimos a alguém chato, desagradável, podendo ser considerado um fracassado (**loser**).

CAPÍTULO 6

DANOU-SE!

Palavrinhas ou palavrões?

Segundo Millôr Fernandes:[8]

*O nível de estresse de uma pessoa é inversamente proporcional à quantidade de **foda-se!** que ela fala. Existe algo mais libertário do que o conceito do **foda-se!**? O **foda-se!** aumenta minha autoestima, me torna uma pessoa melhor. Reorganiza as coisas. Me liberta. Não quer sair comigo? Então **foda-se!** Vai querer decidir essa merda sozinho(a) mesmo? Então **foda-se!** O direito ao **foda-se!** deveria estar assegurado na Constituição Federal.*

Se pararmos para pensar quantas vezes falamos um palavrão por dia (dependendo do dia!), perderemos a conta! Os palavrões não surgem impensadamente, ao contrário. Eles nascem como recursos linguísticos altamente criativos e legítimos para que possamos "abastecer" o nosso vocabulário diário com frases ou palavras que sejam

---

[8] Disponível em: <http://www.dominiofeminino.com.br/editorial/opiniao/jan_foda_se.htm>. Acesso em: 28/09/2009.

capazes de traduzir os nossos mais intensos e profundos sentimentos, em determinada circunstância, em determinado momento.

Muitas vezes o vocabulário obsceno é confundido com o da gíria, mas são dois tipos de expressão diferentes, e, por isso, devem ser entendidos separadamente. O vocabulário da gíria tem como função a defesa e a preservação de determinada classe; dessa forma, os grupos criam novos significados, ou deformam o usual, marcando assim seu conflito com a sociedade. Muitas vezes, entretanto, são utilizados termos obscenos na gíria, que é uma forma mais intensa de demonstrar a insatisfação social.

O vocabulário obsceno está relacionado, frequentemente, às classes mais baixas da sociedade, mas quando é usado com função injuriosa perde essa relação, pois se torna uma expressão muito mais sentimental do que apenas comunicativa.

Quando começamos a estudar uma língua estrangeira, temos curiosidade em saber, justamente, como se diz na língua X, as famosas "palavras proibidas" ou tabus linguísticos, tais como: "filho da puta", "vai tomar no cu" ou então as partes pudendas do homem e da mulher etc., mas nem sempre temos coragem de perguntar ao nosso professor. Oferecemos os nomes empregados em inglês e, em seguida, os traduzimos, para que você possa saber o seu significado em português. Dê só uma olhada:

Vagina
Vagina

É o termo científico para o órgão sexual feminino. No entanto, outras palavras se usam, no popular, para se referir a ela.

O que mais temos, então, usando o nome de "animais"?

- **beaver**
- *castor*

- **bird**
- *pássaro*

- **bat cave**
- *caverna do morcego/batman*

- **bunny**
- *coelhinha*

- **coyote**
- *coiote*

- **fat rabbit**
- *coelha gorda*

- **fish/fishxbox**
- *peixe/caixa de peixe*

- **little kitten**
- *gatinha*

- **lobster pot**
- *pote de lagosta*

- **mouse**
- *camundongo*

- **mousetrap**
- *ratoeira*

- **pussy**
- *gatinha*

- **rooster**
- *galo*

E com os nomes de alimentos em geral?

- **bread**
- *pão*

- **cabbage**
- *repolho*

- **cake**
- *bolo*

- **cheese factory**
- *fábrica de queijo*

- **cherry**
- *cereja, podendo ser também o nome do hímen*

- **cookie**
- *biscoito, bolacha*

- **hair/fur burguer**
- *hambúrguer de pelo*

- **hair/fur pie**
- *torta de pelo*

- **honey pie**
- *torta de mel*

- **fig**
- *figo*

- **jelly**
- *gelatina*

- **meat**
- *carne*

- **milk can**
- *lata de leite*

- **mushroom**
- *cogumelo*

- **oyster**
- *ostra*

- **pumpkin**
- *abóbora*

- **split apricot**
- *damasco aberto*

- **sugar doughnut**
- *bolinho doce*

- **tuna town**
- *cidade do atum*

E ainda temos:

- **box**
- *caixa*

- **bush**
- *arbusto*

- **canyon**
- *cânion*

- **crack**
- *racha*

- **cupid's cave**
- *caverna do cupido*

- **dark paradise**
- *paraíso escuro*

- **jewel case**
- *caixa de joias*

- **love tunnel**
- *túnel do amor*

- **purse**
- *bolsa*

- **wonderland**
- *país das maravilhas*

Pubic Area
Púbis

É o termo científico para a área pélvica central entre as virilhas. Tal área faz parte tanto da anatomia feminina quanto da masculina. No entanto, popularmente, a distinção entre as duas anatomias faz-se, nesse caso, referindo-se também à caracterização do púbis – triangular e com pelos.

Para as mulheres temos:

- **beard**
- *barba*

- **bermuda triangle**
- *o triângulo das bermudas*

- **bird's nest**
- *ninho de passarinhos*

- **broom**
- *vassoura*

- **carpet**
- *carpete*

- **forest**
- *floresta*

- **garden of Eden**
- *jardim do Éden*

- **grass**
- *grama*

- **pussy hair**
- *cabelo da gatinha*

- **squirel**
- *esquilo*

- **strawberry patch**
- *canteiro de morango*

- **wig**
- *peruca*

Para os homens temos:

- **belly-bristles**
- *cerdas (pelos duros) da barriga*

- **bush**
- *arbusto*

- **curls**
- *cachos*

- **dick-wheat**
- *trigo de pau (lembre-se de que dick é o diminutivo ou apelido de Richard)*

- **gorilla-salad**
- *salada de gorila*

- **short and curlies**
- *curtos e enrolados*

Para ambos temos os **pubic lice or crabs**, ou seja, piolhos que se alojam na região pubiana. Popularmente chamados de *chato*, os piolhos pubianos são minúsculos e causam muita coceira. Já imaginou que chato?

Breasts
Seios

É o termo científico para o peito feminino.

E com nomes de frutas?

- **apples**
- *maçã*

- **coconuts**
- *coco*

- **lemons**
- *limões*

- **mangoes**
- *mangas*

- **melons**
- *melões*

- **oranges**
- *laranjas*

- **papayas**
- *mamões papaia*

- **peaches**
- *pêssegos*

- **peanuts**
- *amendoins*

- **tomatoes**
- *tomates*

- **watermelons**
- *melancias*

E com nomes de comidas e bebidas?

- **little drinks**
- *pequenas bebidas*

- **loaves**
- *pães*

- **love-muffins**
- *muffins (tipo de bolinhos) de amor*

- **marshmallows**
- *marshmallows (tipo de doce)*

- **meatballs**
- *almôndegas*

- **milk bar**
- **brincadeira com chocolate bar** *(barra de chocolate)*/**barra de leite**

- **milkshakes**
- *milk-shakes (bebida preparada como leite e sorvete)*

- **pancakes**
- *panquecas*

- **potatoes**
- *batatas*

- **pumpkins**
- *abóboras*

E ainda temos:

- **air bags**
- *air bags (dispositivo antichoque dos automóveis)*

- **baby pillow**
- *travesseiro de bebê*

- **ballooms**
- *balões*

- **boson**
- *botão (de flor)*

- **buttons**
- *botões*

- **kitten's nose**
- *nariz de gatinha*

- **love bubbles**
- *bolhas do amor*

- **mamms**
- *mamas*

- **pair of headlights**
- *par de faróis*

- **pom-poms**
- *pompons*

Penis
Pênis

Para pênis há inúmeras nomeações. No entanto, mostraremos aqui as mais comuns.

Usando o nome de "armas, ferramentas e outros objetos", temos:

- **bazooka**
- *bazuca*

- **bayonet**
- *baioneta*

- **candle**
- *vela*

- **club**
- *porrete*

- **crank**
- *manivela*

- **dagger**
- *adaga*

- **fishing rod**
- *vara de pescar*

- **gun**
- *arma*

- **hammer**
- *martelo*

- **knob**
- *maçaneta*

- **pencil**
- *lápis*

- **pistol**
- *pistola*

- **pole**
- *vara*

- **prick**
- *espinho*

- **prong**
- *pino*

- **ramrod**
- *vareta de espingarda*

- **root**
- *raiz, mandioca*

- **shaft**
- *haste, lança*

- **spindle**
- *eixo*

- **tool**
- *ferramenta*

- **sword**
- *espada*

E com nome de alimentos?

- **banana**
- *banana*

- **candy stick**
- *doce em forma de vara*

- **carrot**
- *cenoura*

- **cucumber**
- *pepino*

- **ham and two eyes**
- *presunto e dois ovos, em referência ao pênis e aos testículos*

- **hard salami**
- *salame duro*

- **love meat**
- *carne do amor*

- **radish**
- *rabanete*

- **sausage**
- *salsicha, linguiça*

E com nome de animais?

- **rat**
- *rato*

- **anteater**
- *tamanduá*

- **boneless fish**
- *peixe sem osso*

- **chunky money**
- *macaco*

- **cobra, snake or python**
- *espécies de cobras*

- **cock**
- *galo*

- **donkey dick**
- *pinto de burro*

- **eel**
- *enguia*

- **goose's neck**
- *pescoço de ganso*

E com nome de homem?

Em português temos **Bráulio** como o mais conhecido. Já em inglês temos:

- **Bob/blind Bob**
- *Bob cego (apelido ou diminutivo de Robert)*
- **Charles, the bald**
- *Charles, o careca*
- **Chris Hardwick**
- *Aqui se faz uma brincadeira com o sobrenome, que significa pavio duro*
- **Dick or Dickie**
- *apelido ou diminutivo de Richard*
- **Julius Cesar**
- *Júlio César (imperador romano)*
- **John**
- *John Willie, John Thrusday, entre outras.*
- **Little Elvis**
- *pequeno Elvis (cantor famoso)*
- **Mad Mick**
- *Mick louco*
- **Pat and Mick**
- *Pat e Mick, dois nomes próprios.*
- **Peter**
- *Pedro*
- **Omar the tentmaker**
- *Omar, o arma barraca*

- **Oscar Meyer**
- *Oscar*

E ainda se usa:

- **bald-headed hermit**
- *careca*

- **bone**
- *pau (duro)*

- **dick**
- *pinto*

- **little brother**
- *irmãozinho*

- **lollypop**
- *pirulito*

- **one-eyed monster**
- *monstro caolho*

- **shaft**
- *um pênis ereto, da base ao topo*

Scrotum
Escroto e Testículos

Em português denomina-se *saco*, tanto para o saco escrotal quanto para os testículos que guardam o sêmen, popularmente conhecido como *porra*.

- **balls**
  - *bolas*
- **ball bag**
  - *sacola de bola*
- **ball sack**
  - *saco de bola*
- **bag**
  - *sacola*
- **bag of fruits**
  - *sacola de frutas*
- **daddy bag**
  - *sacola do papai*
- **jellybag**
  - *sacola de gelatina*
- **family jewels**
  - *joias da família*
- **purse**
  - *bolsa – gíria*
- **sack**
  - *saco*

- **zack**
- *Zack (nome masculino)*
- **spunk/semen**
- *sêmen*

Nates
Nádegas

Termo científico para a ***bunda***. Em inglês, outros nomes são bem mais comuns, tais como:

- **achers**
- *doloridos*

- **after parts/afters**
- *depois das partes*

- **arse**
- ***bunda*** *(inglês britânico)*

- **ass**
- ***bunda*** *(inglês americano)*

- **back parts**
- *partes de trás*

- **bakery-goods**
- *padaria*

- **beauts**
- *belezuras*

- **bees and bees**
- *abelhas e abelhas*

- **biscuits**
- *biscoitos*

- **blind cheeks**
- *bochechas cegas*

- **botsy**
- *bundinha*

- **bottom**
- *fundo, parte inferior*

- **broad smile**
- *sorriso amplo, relaciona-se com o "rego" da bunda*

- **buns**
- *pãezinhos*

- **buttocks/butt**
- *fundo, base, bunda*

- **cakes/cupcakes**
- *bolos/bolinhos*

- **cushion**
- *almofada*

- **hams**
- *presuntos*

- **moons**
- *luas*

- **rolls**
- *pãezinhos*

- **seat of honor**
- *lugar de honra*

- **sit-upons**
- *para se sentar*
- **toshies/tushies**
- *bumbum (infantil)*
- **promotories**
- *promontório (geografia)*

Anus
Ânus

Termo científico que nomeia o que popularmente se diz *cu*. Como em português, não se diz *ânus* toda vez que se refere a essa parte do corpo humano.

- **arsehole**
- *cu* (inglês britânico)

- **asshole**
- *cu* (inglês americano). Em gíria pode ser *cuzão*.

- **balloon knot**
- *nó do balão*, sinônimo de cu

- **chocolate starfish**
- *estrela do mar de chocolate*, referindo-se ao cu com merda

- **elephant and castle**
- *elefante e castelo*, outro nome para cu

- **leather Cheerio**
- *Cheerio* (um salgadinho de forma redonda), **de couro**

- **rusty washer**
- *arruela ou anilho enferrujado*
- **where the Sun doesn't shine**
- *onde o sol nunca nasce*

Agora iremos mostrar algumas palavras ou expressões em inglês que se utilizam de palavras tabus:

Fuck
Foder

Se nos palavrões há uma majestade, ela é com certeza a palavra **Fuck**. Conhecida também como **The F Word**, o termo significa *foder*, ou seja, ter relações sexuais com alguém ou algo, sem romantismo ou envolvimento. No entanto, depende da expressão em que a palavra é usada, mantêm-se ou não o sentido original. A palavra, de tão popular e tão utilizada, atualmente encontra-se como entrada de dicionário, contendo inúmeros termos, denominado **The F Word**.

É necessário que tenhamos em mente, entretanto, que ninguém sai falando **Fuck** em todas as situações e lugares. A palavra ainda carrega sentidos, se não o original, outros que não são considerados linguagem formal ou educada. A informalidade dos que usam a palavra é mais comum entre adolescentes, torcedores, entre outros. E mesmo associada a algumas comunidades, a palavra é sempre considerada informal e, algumas vezes, rude e ameaçadora.

Vejamos as palavras e expressões mais comuns:

- **Are you fucking me?**
- *Mentira! Você está me enganando?*

- **I don't give a flying fuck about it!**
- *Estou cagando e andando!*

- **I don't give a fuck!**
- *Não quero nem saber!*

- **My arms fucking hurt.**
- *Meus braços doem demais*

- **Fuck ass!**
- *Idiota!*

- **Fuck buddy**
- *Amigos que têm relação sexual. Também conhecido como Friends with benefits*

- **Fucked up**
- *Estranho, impróprio, intoxicado, quebrado, extremamente rude*

- **Fucker**
- *Irritante, chato*

- **Fuckhead**
- *Estúpido, desligado*

- **Fucking A**
- *Ótimo, excelente, legal*

- **Fucking**
- *Extremamente, realmente.* Ex: The movie was fucking good. *(O filme foi realmente bom)*

- **Fuck load**
- *grande quantidade*

- **Fuck off!**
- *Sai daqui! Vai para o inferno!*

- **Fuck (someone) up**
- *Bater muito, para machucar*

- **Fuck trophy**
- *Filhos*

- **Stop being such a fucker.**
- *Pare de ser tão cuzão*

Para enfatizar ou reforçar uma ideia, sem adicionar nenhum significado, além do já contido na frase, também se usa **fuck,** geralmente na forma **fucking**:

- **What are you fucking doing?**
- *O que você tá fazendo?*

- **What do you fucking want?**
- *O que você quer?*

- **Where are you fucking going?**
- *Aonde você vai?*

- **When are you fucking done?**
- *Quando você vai ficar pronta?*

Em inglês, usar a palavra **fuck** para se referir à relação sexual é considerado de baixo calão. Usam-se também outras expressões:

- **To get laid**
- *Transar*

- **A quickie/bunny fuck**
- *Dar uma rapidinha*

- **To bang**
- *Dar umas bimbadas*
- **To have sex**
- *Fazer sexo*
- **To make out**
- *Fazer sexo ou dar uma pegada*
- **A nooner**
- *Dar uma rapidinha na hora do almoço (noon)*

Em tempo: *ter um orgasmo* em inglês – **have an orgasm** – não é muito usado na fala comum. O termo frequente é **come** ou **cum**. E ainda: **boner** é um termo muito usado para a ereção (**erection**).

Shit
Merda! Droga!

Shit, em inglês, vem de **bullshit**, merda de touro, em português e, portanto, pode ser usada com o sentido de fezes, cocô. **Shit**, no entanto, tornou-se tão comum que perdeu o sentido primeiro da palavra em muitas expressões e agora se usa a palavra em várias ocasiões. **Crap** é um sinônimo de **shit** muito usado. Como já mencionado na palavra **fuck**, usamos expressões com **shit** informalmente.

- **Who left this shit on my locker?**
- *Quem deixou essa porcaria (coisa) no meu armário?*
- **There's a lot of shit out there.**
- *Há muita coisa errada por aí*

117

- **There's shit all over!**
  - *Isso está uma bagunça!*

- **I got a lot of shit from my teacher!**
  - *Meu professor reclamou pra caramba!*

- **Do you want the shit?**
  - *Quer drogas?*

- **There ain't shit going on!**
  - *Nada acontece!*

- **This paint is shit.**
  - *Esse quadro é de má qualidade*

- **Full of shit.**
  - *Cagado*

Como pode ser visto acima, a palavra é encontrada na maioria das vezes com sentido negativo. Com sentido positivo, **shit** só pode ser usada precedida de **the**, como vemos no exemplo a seguir: **This blouse is fantastic. It's the shit!** (*Essa blusa é fantástica, é tudo, é demais!*)

Em inglês, para falar sobre o ato de defecar usam-se os termos a seguir:

- **b.m. (bowel movement)**
  - *movimento intestinal*

- **call of nature**
  - *chamada da natureza*

- **cash a cheque**
  - *descontar um cheque*

- **defecate**
- *defecar*

- **dispatch a cargo**
- *despachar uma carga*

- **do a job for oneself**
- *fazer o que ninguém pode fazer por você*

- **make a phone call**
- *fazer um telefonema*

- **number two**
- *número dois*

- **poop, poo, pooh**
- *fazer cocô (linguagem infantil)*

- **to shit**
- *cagar*

- **unload**
- *descarregar*

Há também palavras que remetem aos gases produzidos ou ao ato de soltá-los durante a defecação ou em qualquer outro momento, ou seja, o famoso *fazer pum* ou *peidar*:

- **air biscuit**
- *biscoito de ar*

- **back talk**
- *conversa traseira*

- **cheezer**
- *"queijar"*

- **drop a rose**
- *derrubar uma rosa*

- **let fly**
- *deixe voar*

- **little noiseless farts**
- *bufinhas*

- **fart**
- *peidar*

- **flatulence**
- *flatulência (emissão de gases pelo ânus)*

- **make a smell**
- *fazer um cheiro*

- **pumping gas**
- *bomba de gás*

- **tail shot**
- *tiro do rabo*

- **wind**
- *vento*

Como tudo em sexo é tabu, falar sobre as pessoas que o praticam é ainda mais. Algumas pessoas fazem parte de grupos não bem aceitos pela sociedade, ainda bem preconceituosa. Vamos falar agora como as prostitutas, os cafetões e os homossexuais são denominados em inglês.

Para as prostitutas temos:

- **alley cat**
- *gata de beco*

- **bitch**
- *cadela*

- **company girl**
- *dama de companhia*

- **courtesan**
- *cortesã*

- **dress for sale**
- *vestido à venda*

- **hooker/hook**
- *armadilha, gancho*

- **mastercard Mary**
- *Maria Mastercard*

- **night bird**
- *pássaro noturmo*

- **slut**
- *mulher desleixada*

- **whore**
- *prostituta*

Para os cafetões temos vários termos.

A *cafetina* é denominada **procuress**:

- **ass seller**
- *vendedor de bunda*

- **brothel keeper**
- *mantenedor de bordel*

- **cunt pensioner**
- *pensionista de buceta*

- **Ginger**
- *Ginger (nome próprio)*

- **love broker**
- *corretor de amor*

- **pimp**
- *alcoviteiro, cafetão*

- **promoter**
- *promotor*

Para o homossexual masculino temos:

- **ass boy**
- *garoto que gosta de bunda*

- **back door conquistador**
- *conquistador da porta de trás*

- **butterfly queen**
- *rainha das borboletas*

- **chocolate lover**
- *amante de chocolote*

- **faggot/faggy**
- *ornamentar com uma espécie de bainha aberta/"veado"*

- **fruit fly**
- *mosca da fruta*

- **gay**
- *alegre, gay*

- **queen of spades**
- *rainha de espadas*

- **undercover sissy**
- *maricas disfarçado*

Nota: a expressão *sair do armário* tem sua similar em inglês, além da expressão que significa *se manter no armário*, ou seja, ser homossexual e não admitir, esconder a opção sexual – **in the closet.**

Para as lésbicas temos:

- **clit lit**
- *acendedora/animadora de clitóris*

- **dike**
- *dique*

- **DIT**
- *dike in trainning (lésbica em treinamento, nova)*

- **butch lesbian**
- *lésbica que tem o papel dominante ou ativo*
- **finger artist**
- *artista de dedos*
- **lesb/lesbie/lesbo**
- *lésbica*
- **woman in comfortable shoes**
- *sapatão*

Para os *bissexuais* – aqueles que praticam sexo com homens e mulheres – temos:

- **in between**
- *entre*
- **lucky Pierre**
- *Pierre sortudo*

Além dos homossexuais, bissexuais e lésbicas ainda existe o *transexual*, ou seja, uma pessoa de um sexo que está amarrada a um corpo do sexo oposto. Geralmente os transexuais fazem a cirurgia de reversão de sexo. Há também o **transgenderist** – um transexual que não tem a intenção de mudar de sexo. E ainda o **drag** ou **drag queen,** que é um homem que se veste como uma mulher. Em português a tradução para **drag** é *travesti*.

Após nomear os praticantes de sexo, resta-nos agora mostrar os termos para a atividade sexual (o antes, o durante e o depois). A seguir, nomeamos algumas:

- **blow job**
- *sexo oral (para homens)*

- **fornication**
- *fornicação*

- **french kiss/lip service**
- *sexo oral (para mulheres)*

- **get horny**
- *ficar com tesão*

- **hot/hot pot**
- *ficar com tesão/gostosinha (mulher que dá tesão)*

- **jerk off/jack off**
- *masturbação masculina ("bater punheta")*

- **stick up your ass**
- *enfia no cu (tal expressão não é necessariamente ligada ao ato sexual)*

- **three decker**
- *ménage a trois*

- **wax**
- *masturbação feminina*

- **wet and willing**
- *estar com tesão*

Bibliografia

FERREIRA, A.B.H. **Novo Dicionário Eletrônico Aurélio versão 5.11a**. 3a ed. Rio de Janeiro: Editora Positivo, 2004. (versão eletrônica)

HANKS, P. **The New Oxford Thesaurus of English**. Oxford: Oxford University Press. 2000.

HOUAISS, Antonio. **Dicionário da língua portuguesa**. Rio de Janeiro: Objetiva, 2001.

LONGMAN. **Dictionary of English Language and Culture**. Essex: Longman. 1992.

SANTOS, Agenor Soares dos. **Guia prático de tradução inglesa**: como evitar as armadilhas das falsas semelhanças. Rio de Janeiro: Elsevier, 2007.

SHEIDLOWER, Jesse (Ed.) **The F Word**. New York: Random House, 1995.

ZAVAGLIA, C. Aspectos semânticos dos cromônimos entre as línguas italiana e portuguesa do Brasil. In: **Estudos Lingüísticos**, v. 27, São Paulo,1998, p. 912-917.

Sites consultados

Dictionary of Sexual Terms and Expressions. Disponível em: <http://www.sex-lexis.com>. Acesso em 20 fev. 2010.

The Online Slang Dictionary: a collaborative project. Disponível em: <http://onlineslangdictionary.com>. Acesso em 20 fev. 2010.

Este livro foi composto na fonte Bitstream Cooper BT e impresso em maio de 2013 pela gráfica Digital Page, sobre papel Offset 90g/m².